AF343326

LE DROIT DE NOTER

*Les agences de notation
face à la crise*

MARC LADREIT DE LACHARRIÈRE

Membre de l'Institut

LE DROIT DE NOTER

Les agences de notation face à la crise

BERNARD GRASSET

PARIS

Introduction

La crise des *subprimes* a éclaté voilà cinq ans. Alors que les conséquences de l'effondrement d'un segment du marché immobilier américain auraient pu, en d'autres temps, rester circonscrites au territoire des États-Unis, l'explosion de la bulle immobilière américaine a entraîné l'économie mondiale dans la tourmente. Cette mécanique infernale a été déclenchée par la politique monétaire expansionniste mise en œuvre par la Réserve fédérale des États-Unis au début des années 2000. Après avoir répondu à l'éclatement de la bulle des valeurs technologiques en ramenant son principal taux directeur de 6,5 à 3,5 % en l'espace de quelques mois, la Fed a poursuivi dans cette voie afin de soutenir l'activité économique après les attentats de septembre 2001 : le taux des fonds fédéraux diminua jusqu'à atteindre 1 % en juin 2003. Cette possibilité de s'endetter à bon marché favorisa le développement d'une catégorie de prêts immobiliers particulièrement risqués : les prêts *subprime*[1]. Les ménages américains les plus modestes se virent proposer des prêts à taux variable gagés par le bien qu'ils souhaitaient acquérir. Nombre d'entre eux succombèrent à la tentation : l'encours des prêts *subprime* passa de 400 milliards de dollars en 2004 à 1 400 milliards de dollars en 2007. La machine à transformer les plus démunis en heureux propriétaires tournait à plein régime. Son fonctionnement avait été encouragé par les gouvernements successifs qui partageaient le noble objectif de permettre à tous les Américains de devenir propriétaires. Les autorités voyaient aussi là un moyen de soutenir la construction immobilière et de dégager ainsi le surplus de croissance nécessaire pour parvenir au plein-emploi. La situation se détériora lorsque le marché immobilier entama son retournement. L'optimisme légendaire des Américains ne leur avait pas permis d'imaginer que la valeur de l'immobilier résidentiel pût baisser. Qui plus est de façon aussi soudaine que brutale : c'était du jamais vu depuis les

---

1. *Subprime* signifie « en dessous de la catégorie supérieure ».

années 1920 ! Et nul ne doutait que l'on trouverait toujours les sommes nécessaires au financement de ce secteur.

L'effondrement du marché immobilier américain donna naissance à la première crise véritablement mondiale. Les États-Unis contaminèrent l'ensemble de la planète, à commencer par l'Europe, en faisant financer près de la moitié de cette bulle par le reste du monde. Les établissements financiers situés hors des États-Unis avaient été nombreux à acquérir des produits créés à partir des prêts *subprime* afin de bénéficier de la rentabilité élevée qu'ils offraient. C'est de cette façon que le risque lié aux prêts hypothécaires américains se diffusa à l'ensemble des économies développées. Rongé de malandre, le système financier tout entier était menacé d'effondrement, car les banques ayant acquis ces produits n'avaient aucun moyen d'évaluer les encours de créances que les unes et les autres portaient. Ce climat de doute provoqua l'assèchement du marché interbancaire[1] lors de l'été 2007. En

---

1. Le marché interbancaire est le compartiment du marché monétaire sur lequel les banques commerciales échangent leurs excédents ou leurs besoins de monnaie émise par

août 2007, les banques centrales des pays placés au cœur du système financier international, qui avaient jusque-là laissé faire – par « laxisme », selon l'ancien directeur général du Fonds monétaire international Jacques de Larosière –, durent procéder en urgence à des injections de liquidités afin d'empêcher sa paralysie. Mais les défaillances bancaires se multiplièrent dès l'automne 2007 : la crise des *subprimes* s'était transformée en crise bancaire et financière.

Prisonnières des incertitudes qui pesaient sur leur avenir, les principales puissances économiques mondiales s'enfoncèrent rapidement dans la récession. Les plans de relance qu'elles mirent en œuvre à partir de la fin 2008 permirent de limiter la chute du produit intérieur brut (PIB) et la hausse du chômage. Mais les États européens qui mobilisèrent massivement leurs finances publiques étaient pour la plupart déjà lourdement endettés. Les marchés ne tardèrent pas à s'inquiéter de l'emballement de la dette souveraine produit par ces politiques de relance et à imposer une prime de risque aux pays dont

---

la banque centrale en prêtant ou en empruntant à des échéances très brèves.

les comptes partaient à la dérive : c'est ainsi que s'explique la hausse des taux d'intérêt sur les titres de dette grecs, italiens ou espagnols. La crise de la dette exerce à présent ses effets délétères sur les économies européennes. Alors qu'un retour de la croissance permettrait d'alléger le fardeau des États, l'activité reste atone. C'est l'une des raisons pour lesquelles les plans de sauvetage successivement adoptés par les gouvernements européens n'ont pas suffi à rassurer les marchés.

Par méconnaissance ou par facilité, les responsables politiques ont désigné dès les premiers balbutiements de la crise un bouc émissaire : les agences de notation, prises dans leur ensemble. On leur reproche tout et son contraire. Les agences seraient les principales responsables de la crise économique actuelle parce qu'elles n'auraient pas vu venir la crise des *subprimes*. Elles seraient aussi coupables d'avoir provoqué la crise européenne de la dette en attribuant des notes excessivement sévères aux États lourdement endettés. Alors qu'elles étaient presque inconnues du grand public, ces institutions sont maintenant vilipendées de toute part. Qu'elles aient commis des erreurs, c'est certain : qui n'en commet pas ?

Cela n'autorise pas nos dirigeants à jouer les Ponce Pilate.

À travers Fimalac, le groupe que j'ai fondé en 1991[1], j'ai créé l'agence de notation Fitch Ratings, devenue le seul véritable rival des géants américains que sont Moody's et Standard & Poor's[2]. Je suis donc bien placé pour démonter les idées reçues qui circulent au sujet des agences. Mon parcours professionnel m'a également permis d'observer de très près l'évolution de l'économie mondiale sous l'effet de l'intensification des échanges internationaux, qu'il s'agisse de biens et de services ou de capitaux. Après l'École nationale d'administration, j'ai rejoint le secteur privé : il me semblait que je me sentirais mieux dans le monde de l'entreprise et que j'y serais plus utile à la société. Je suis entré en 1970 à la Banque de Suez et de l'union des mines, qui était alors l'une des banques françaises les plus fortement tournées vers l'international. J'ai découvert en

---

1. Coté à la bourse de Paris, Fimalac est un groupe diversifié portant des participations dans les domaines de la finance, de l'immobilier et des loisirs.

2. Ce livre est écrit en mon nom personnel. Les opinions qui y sont exprimées n'engagent pas l'agence de notation Fitch ni ne prétendent refléter ses vues.

son sein comment les instruments financiers pouvaient participer au succès d'une entreprise. J'ai prolongé cette expérience chez L'Oréal, que j'ai rejoint en 1977 en tant que directeur financier avant d'en devenir le numéro deux. Les dirigeants de L'Oréal s'employaient à cette époque à transformer une société essentiellement spécialisée dans le domaine de la coiffure en groupe international de cosmétiques. J'ai apporté ma pierre à l'édifice en mettant en place des outils de gestion innovants : L'Oréal fut ainsi la première entreprise française à gérer de façon centralisée la trésorerie de ses filiales étrangères. En quittant ce groupe pour fonder Fimalac et créer une agence de notation, j'ai d'une certaine manière fait la synthèse de mes différentes vies professionnelles.

J'ai eu le privilège de bénéficier d'une tour d'observation exceptionnelle à partir de laquelle j'ai assisté à l'explosion de la crise des *subprimes*, à sa transformation en crise économique mondiale et à la dégradation des finances publiques des pays de la zone euro : avec Fitch, j'étais aux premières loges. J'ai donc pu constater, jour après jour, que la réalité des faits était souvent différente de la version qu'en donnaient les responsables politiques et les médias. J'ai voulu partager mes réflexions avec tous ceux qui voudraient comprendre pourquoi les économies les plus sophistiquées de la planète ont connu tant de difficultés – et pourquoi certaines d'entre elles peinent encore à s'en extraire.

La fin de la crise est plus éloignée qu'on ne se force à le croire. Faute d'une nouvelle bulle, les États-Unis n'ont pas retrouvé le rythme de croissance qui était le leur avant son déclenchement. L'Europe doit globalement subir les effets de l'assainissement de ses finances publiques et ne peut plus compter sur les investisseurs étrangers pour financer aveuglément son développement. La sortie de la crise de la zone euro sera laborieuse : la monnaie unique européenne devrait survivre, mais le risque, même minime, d'une issue moins favorable est toujours là. Contrairement à ce qu'affirmaient les responsables politiques, la crise qui a débuté en 2007 n'était pas un simple orage dans le ciel de l'économie mondiale.

Au cœur de cette tempête, il est plus que jamais nécessaire de développer des liens de solidarité entre les gagnants et les perdants de la mondialisation. À l'heure où les populations souffrent des conséquences de la crise et des effets des politiques d'austérité mises en œuvre dans les pays excessivement endettés, la recherche de l'efficacité économique doit être conjuguée avec l'exigence de responsabilité sociale. C'est ainsi que le capitalisme pourra produire tous les bénéfices attendus de lui.

Chapitre 1

La création de Fitch

Si j'écrivais que je dois quelque chose à François Mitterrand, ou d'ailleurs à des hommes politiques, nul ne me croirait – et à juste titre. Mais les égarements des années Mitterrand m'ont encouragé à me lancer dans la grande aventure de ma vie professionnelle : la création de l'agence de notation Fitch Ratings. Les multiples erreurs et les volte-face acrobatiques de la politique économique mise en œuvre après l'élection du premier président socialiste de la Cinquième République m'ont convaincu que la création d'une agence de notation était indispensable pour répondre aux défis du monde nouveau qui s'annonçait.

« Les Français ont franchi la frontière qui sépare la nuit de la lumière », prédisait Jack Lang. Dans la réalité, les débuts de l'ère Mitterrand furent catastrophiques pour la France. La politique de relance et les cadeaux faits aux électeurs, des nationalisations aux 39 heures, ont coûté cher : la croissance n'a pas suivi. « Changer la vie », disait-il ? Deux ans après l'accession du responsable socialiste à la présidence de la République, le poing et la rose conduisirent le pays au bord du gouffre. François Mitterrand consulte, finasse, joue ses amis les uns contre les autres, hésite entre le repli protectionniste et le pari sur l'Europe, la sortie du système monétaire européen (SME) et le maintien de la solidarité communautaire. En réalité, il n'a guère le choix s'il ne veut pas se mettre au ban de ses partenaires européens. L'échec de la politique économique du gouvernement Mauroy est si grave qu'il le contraint à une troisième dévaluation, neuf mois seulement après la deuxième, à peine un an et demi après la première ! Au lendemain des élections municipales de mars 1983, qui ont été calamiteuses pour la gauche, le président siffle cette « fin de récréation » réclamée par son ministre de l'Économie et des Finances, Jacques Delors, qui a demandé dès novembre 1981 une « pause dans les réformes ».

Homme du passé, François Mitterrand était convaincu que les Français aspiraient à une « rupture avec le capitalisme ». Il doit s'incliner : il s'est trompé. Faute de maîtriser un savoir économique pour lequel il a longtemps affecté d'éprouver un léger dédain, il ne comprend ni son époque ni les ressorts du monde moderne. Sous la pression des faits, il bascule et convertit sa politique au libéralisme. Devenu ministre de l'Économie et des Finances en juillet 1984, Pierre Bérégovoy met en œuvre avec l'aide de son directeur de cabinet, Jean-Charles Naouri, une politique économique diamétralement opposée à celle qu'il préconisait lorsqu'il était secrétaire général de l'Élysée[1]. La France se plie aux exigences de ses partenaires européens. Mieux, elle embrasse l'économie de marché, l'épouse même, et s'enthousiasme pour l'entreprise et la mondialisation naissante. Dans sa fascination, elle va jusqu'à se donner pour star le symbole atterrant de ce virage, Bernard Tapie, qui sera propulsé en 1986 grand animateur d'un *show* titré « Ambitions » sur la première chaîne de télévision en voie de privatisation.

---

1. Secrétaire général de la présidence de la République de mai 1981 à juin 1982, Pierre Bérégovoy fut ministre des Affaires sociales et de la Solidarité de juin 1982 à juillet 1984, puis ministre de l'Économie et des Finances de juillet 1984 à mars 1986.

L'esprit du temps en finit, provisoirement du moins, avec la diabolisation de l'argent et des patrons. L'équipe réunie autour de Pierre Bérégovoy est remarquable. Sous l'impulsion de Jean-Charles Naouri, assisté de Jean-Claude Trichet, Philippe Jaffré, Hervé Hannoun, et soutenu par Daniel Lebègue, directeur du Trésor, et Philippe Lagayette, sous-gouverneur de la Banque de France, la France tourne le dos aux rêves. Il s'agit de redresser notre économie et de préparer la mise en place du marché unique européen, à l'intérieur duquel les mouvements de personnes, les transferts de capitaux et les échanges de marchandises deviendraient libres. Les marchés financiers sont, peu à peu, partiellement dérégulés. Le contrôle des changes est supprimé. La France se libère de sa camisole administrative.

Le paysage financier français est bouleversé. Les innovations prolifèrent. Dopé par le Big Bang de la place de Londres, qui a eu lieu le 27 octobre 1986[1], l'appel du large se fait de

---

1. L'expression « Big Bang de la place de Londres » désigne l'entrée en vigueur le 27 octobre 1986 des mesures de libéralisation des marchés financiers britanniques adoptées lors des mois précédents.

plus en plus vivement sentir en matière d'opérations financières. Chez L'Oréal, où j'ai notamment la responsabilité des finances, nous profitons des décisions favorisant la « désintermédiation », c'est-à-dire la limitation du recours obligatoire aux banques pour l'octroi des crédits, ainsi que des premières mesures visant à autoriser la libre circulation des capitaux dans le monde. Je contribue à la construction de cet édifice : une banque interne à L'Oréal se chargera du financement des filiales françaises tandis qu'un établissement situé au Luxembourg financera, en collaboration avec la Banque nationale de Paris (BNP), les filiales européennes en empruntant directement sur le marché et assurera la compensation de leurs créances et de leurs dettes au niveau de l'Europe des Six. Nous avons oublié d'en déposer le nom, mais le *netting* est né[1] ! Cinq ans plus tôt, c'eût été impensable. L'Association

---

1. Le *netting* est la mise en œuvre d'une compensation réciproque de créances et d'engagements, entre une ou plusieurs parties, concernant des opérations de même nature. Le *netting* peut être utilisé par une entreprise, ou par une banque, pour consolider par exemple les différents soldes de trésorerie des filiales d'un groupe avec les soldes de trésorerie de leur maison mère.

des docteurs ès sciences économiques m'élut
« financier de l'année » en 1987 afin de saluer,
à travers moi, la contribution de L'Oréal à
l'innovation financière. Ce fut une période
excitante. Une France frileuse, étriquée, de plus
en plus repliée sur elle-même, faisait place à
une France en mouvement, ouverte, fluide,
active. L'Oréal embrassa cette évolution et se
distingua alors par son originalité.

J'ai eu la chance de présider ou de faire
partie des commissions de réflexion mises en
place par Pierre Bérégovoy, notamment celle
en charge de « l'adaptation de l'économie française au marché unique », puis de la commission Deguen (1987) et de la commission sur la
compétitivité des entreprises dans la perspective du 1er janvier 1992 (1988). Je pus ainsi
constater l'ampleur de la mutation qui s'amor-
çait : un monde nouveau nous attendait. La
déréglementation des opérations financières, la
libéralisation des mouvements internationaux
de capitaux et la prolifération des innovations
en matière de techniques financières allaient
déclencher une transformation radicale du
financement des agents économiques privés
et des collectivités publiques. Cette évolution
n'était pas dépourvue de risques. En 1987,

alors que j'accompagnais Édouard Balladur lors d'un déplacement à Londres, je mis en garde un auditoire composé de financiers anglo-saxons en faisant remarquer que « les marchés des nouveaux produits peuvent présenter un risque pour ceux qui ne l'ont pas suffisamment mesuré sur le plan interne et qui agiraient avec trop de précipitation dans un climat euphorique » avant de m'interroger tout haut : « L'internationalisation et la globalisation des marchés ne risquent-elles pas d'engendrer l'illusion dangereuse d'une déconnexion du monde financier par rapport au monde économique, et cela au détriment de l'économique ? » N'est-ce pas ce qui s'est produit lors des années qui ont suivi ?

Je réfléchissais aux conséquences de ce branle-bas économique. Qu'allait-il se passer ? Je me disais que lorsque les investisseurs se retrouveraient en face à face direct avec les emprunteurs, ils auraient besoin d'un organisme fiable capable de les informer sur la solvabilité de ces derniers. De tels organismes existaient depuis le début du XXe siècle aux États-Unis : il s'agissait des agences de notation.

Le rôle des agences de notation consiste à émettre une opinion sur la capacité d'un emprunteur à faire face à bonne date aux échéances de remboursement de la dette qu'il a contractée, qu'il s'agisse des intérêts ou du capital. Cette opinion est exprimée au moyen d'une échelle de notes qui va, selon les agences, de « triple A » à C ou D[1]. Chaque note est accompagnée d'une perspective indiquant son évolution probable à un horizon d'un an ou deux : elle peut être positive, négative ou stable. Tout émetteur de dette est susceptible de faire l'objet d'une notation : il peut s'agir d'un État, d'une collectivité locale, d'une entreprise, d'une banque, d'une compagnie d'assurances, d'un fonds commun de créances, etc.

Les notes attribuées par les agences relèvent de deux catégories : la catégorie investissement

---

1. L'échelle de notes retenue par Standard & Poor's et Fitch va de AAA, qui indique le niveau de risque de crédit le plus faible, à D qui désigne une situation de défaut de paiement sur l'ensemble des titres émis. Les notes attribuées par Moody's vont de Aaa pour les titres présentant un risque de crédit minime à C pour ceux disposant de la notation la plus basse.

et la catégorie spéculative[1]. Se maintenir dans la catégorie investissement est essentiel pour la plupart des émetteurs. Cela leur permet tout d'abord de bénéficier de meilleures conditions d'emprunt, les primes de risque imposées à un émetteur de dette étant d'autant plus élevées que sa note est basse. Certains investisseurs ont par ailleurs interdiction d'acheter des titres de catégorie spéculative.

L'importance du rôle joué par les agences de notation n'a cessé de croître depuis trente ans. De la Seconde Guerre mondiale aux années 1970, l'existence d'entraves aux flux internationaux de capitaux et la persistance de l'intermédiation financière ont limité le développement des émissions de dette. La libéralisation des mouvements de capitaux engagée dans les années 1980 et la montée en puissance progressive du financement désintermédié ont incité les collectivités publiques et les entreprises de toute nature à recourir aux marchés pour se procurer les capitaux qui leur étaient

---

1. La ligne de séparation entre les titres de catégorie investissement et ceux de catégorie spéculative se situe entre les notes BBB- et BB+ pour Standard & Poor's et Fitch et entre les notes Baa3 et Ba1 pour Moody's.

nécessaires. Afin de prendre la mesure du risque de crédit associé à un émetteur, les investisseurs ont éprouvé de plus en plus fortement le besoin de s'appuyer sur les notes attribuées par les agences. La multiplication et la complexification des produits financiers ont également favorisé l'essor de la notation.

Alors que le marché de la notation était promis à un développement accéléré, il n'existait pas en Europe continentale d'agence spécialisée en la matière. Une idée me trottait dans la tête. Et si l'on créait une « agence de notation » susceptible de couvrir le marché français et, pourquoi pas, européen ? Et si c'était moi qui m'en chargeais ? En 1991, j'ai décidé de mettre mes rêves à l'épreuve de la réalité : j'ai quitté L'Oréal pour fonder Fimalac et engager le processus qui aboutirait à la création de Fitch Ratings. Cette aventure me permettrait de conjuguer toutes mes passions : la finance, le management et l'entrepreneuriat. Il est assez singulier qu'une personne issue de l'industrie ait été à l'origine de la troisième agence mondiale de notation alors que cette activité aurait pu être montée par d'anciens membres de la direction du Trésor. Jean-Charles Naouri, Jean-Claude Trichet, Philippe Jaffré, Philippe

Lagayette, David Dautresme, Hervé Hannoun y étaient prédestinés. Chacun d'entre eux a choisi une autre voie et y a brillamment réussi.

Dès la création de Fimalac, nous constituâmes une petite équipe afin d'évaluer le potentiel de l'activité de notation en Europe et de nous donner les moyens de réussir. Nous commençâmes par acquérir une minuscule structure implantée à Paris. Exclusivement française et disposant d'un champ d'activités limité, cette base ne constituait toutefois pas un tremplin suffisant pour lancer une agence de notation : j'en étais pleinement conscient.

En octobre 1992, nous eûmes l'occasion d'acquérir International Banking and Credit Analysis (IBCA). Située à Londres, cette société bénéficiait d'une excellente réputation au Royaume-Uni, notamment pour son savoir-faire en matière de notation des institutions financières. IBCA est donc devenu le véhicule de notation du groupe Fimalac. Durant les premières années, nous nous sommes prioritairement consacrés à son développement : il s'agissait d'étendre l'éventail de ses métiers et de renforcer son maillage géographique. Nous élargîmes son champ de compétences à l'ensemble du secteur financier, aux entreprises, aux collectivités territoriales, aux organismes de placement collectif en valeurs mobilières (OPCVM) et aux fonds communs de créances. Soucieux d'européaniser la structure pour tenter de nous démarquer des grandes agences américaines, nous ouvrîmes à marche forcée des bureaux dans les principaux pays européens. Les effectifs d'IBCA ont plus que triplé en l'espace de quatre ans. En 1997, cette agence était devenue la seule en Europe à pouvoir rivaliser avec les deux « géants » américains que sont Moody's et Standard & Poor's.

La course d'obstacles ne faisait que commencer. Si nous voulions faire d'IBCA une agence de notation à vocation mondiale, il nous fallait nous implanter aux États-Unis, maîtres incontestables du *rating*. Or au cours de l'été 1997, les actionnaires américains de Fitch, une agence de notation fondée en 1913 et exerçant exclusivement aux États-Unis, me contactèrent : ils voulaient acquérir IBCA afin de s'internationaliser. Mais au fil des négociations, ils reculèrent devant l'ampleur des responsabilités inhérentes à la transformation d'une modeste agence américaine en acteur majeur de la notation. En dix jours, Véronique Morali[1] et moi parvînmes à inverser le cours des négociations : c'est nous qui avons racheté Fitch.

L'acquisition de Fitch nous permettait de bénéficier du label NRSRO (Nationally Recognized Statistical Rating Organization), l'agrément consenti par la Securities and Exchange Commission (SEC)[2] aux agences reconnues sur les marchés financiers comme des émetteurs de notations crédibles et fiables[3] : Fitch en disposait en effet depuis belle lurette. Fitch constituait un fabuleux ticket d'entrée sur un marché en plein développement, alors pratiquement inconnu dans le reste du monde : l'appréciation des risques relatifs aux opérations structurées et complexes, dites de « titrisation[4] ».

---

1. Véronique Morali a rejoint Fimalac dès sa création. Elle est présidente de Fimalac Développement et vice-présidente de Fitch Group.

2. La Securities and Exchange Commission est l'organisme fédéral américain de réglementation et de contrôle des marchés financiers.

3. Créé en 1975 par la SEC, le label NRSRO est accordé aux agences dont les notations sont susceptibles d'être utilisées dans les réglementations financières.

4. La titrisation est une technique consistant à transférer à des investisseurs des actifs financiers tels que des créances en les transformant en titres négociables sur le marché des capitaux.

Ainsi naquit, fin 1997, la société Fitch IBCA. Cette union combinait à merveille le *leadership* américain de Fitch sur les produits structurés et la position déjà forte d'IBCA en Europe pour son expertise dans le domaine des institutions financières et des crédits souverains. Ni Fitch ni IBCA n'auraient pu, séparément, prétendre atteindre rapidement le rang d'agence internationale. Leur association rendait mon objectif réalisable.

J'ai très vite décidé d'organiser la société autour d'un double siège, l'un à New York où se trouvait le directeur général adjoint et l'autre à Londres où j'installai le directeur général, afin de montrer que notre entreprise se distinguait des grandes agences de notation américaines par le dynamisme de ses activités européennes. La stratégie, les finances, les acquisitions et la consolidation des comptes étaient centralisées à Paris. Développer une entreprise présente sur deux continents et riche de 600 collaborateurs présentait de nombreux défis : il fallait unifier les équipes, harmoniser les mentalités européennes et américaine, mais aussi revoir et affiner les différentes lignes de métier couvrant tous les domaines de la notation.

Il ne restait à travers le monde que deux entreprises de taille moyenne bénéficiant du label NRSRO : Duff & Phelps aux États-Unis et Thomson BankWatch au Canada. D'une taille comparable à celle de Fitch, Duff & Phelps était assidûment convoité par des groupes mondiaux de communication, dont l'allemand Bertelsmann. Duff & Phelps jouissait d'une excellente réputation dans la notation des *corporates*, c'est-à-dire des entreprises industrielles et commerciales (domaine où Fitch et IBCA n'étaient pas très présents), ainsi que dans les segments de l'assurance et des financements structurés. Il était donc stratégique d'éviter qu'un grand groupe de communication disposant de moyens beaucoup plus importants que les nôtres puisse rivaliser avec nous dans les activités de notation : si un autre prétendant au titre apparaissait, Fitch IBCA aurait du mal à s'imposer comme une alternative à Moody's et à Standard & Poor's.

J'ai décidé de prendre de vitesse Bertelsmann en lançant en trombe une offre publique d'achat (OPA) à Wall Street. Il me fallut convaincre le management de mon agence, qui s'inquiétait des risques opérationnels résultant de la reprise d'une nouvelle agence dans un laps de temps si court. Je parvins en revanche assez facilement à persuader l'état-major de Duff & Phelps de nous rejoindre. Notre OPA ne pouvait être qu'« amicale » : nous proposions à nos interlocuteurs de devenir nos associés. Chez Bertelsmann, ils se seraient retrouvés piégés dans un statut de filiale et auraient été placés sous la coupe de gestionnaires provisoires.

Cette acquisition réussie nous permit d'atteindre le troisième rang des acteurs mondialement reconnus du *rating* : Fitch IBCA Duff & Phelps était né. L'effet de surprise à Wall Street fut énorme. Personne ne nous avait vus venir. Moody's et Standard & Poor's n'avaient pas pris la mesure des ambitions nourries par un petit Français dans cette activité hypersophistiquée, jusque-là cent pour cent anglo-saxonne.

Ne restait que Thomson BankWatch. Cette filiale d'un grand groupe de communication canadien, Thomson Financial Services, nous intéressait à deux titres : elle était très active dans le domaine des notations bancaires et elle disposait d'une présence importante en Asie. Les dirigeants canadiens de Thomson Financial Services avaient eux aussi été pris de court par nos diverses acquisitions. À eux seuls, il leur était impossible de se hisser au rang des acteurs majeurs du *rating*. Ils se résignèrent donc à joindre leur agence à notre nouvel ensemble et restèrent pendant quelques années nos associés.

Afin d'honorer sa genèse, notre agence s'est un temps appelée Fitch IBCA Duff & Phelps. Mais l'acquisition de Thomson BankWatch compliquait la donne : si l'on continuait ainsi, notre carte de visite deviendrait impossible à mémoriser. C'est pourquoi nous résolûmes de baptiser l'ensemble Fitch Ratings. C'est bref. Et facile à prononcer.

Fitch Ratings dispose aujourd'hui de 50 bureaux à travers le monde. Notre agence surveille le marché de la dette dans plus de 150 pays. Elle évalue toutes les catégories d'émetteurs, qu'il s'agisse d'entreprises industrielles ou commerciales, de banques, de compagnies d'assurances, d'organismes publics ou parapublics. Fitch Ratings couvre ainsi quelque 6 000 établissements financiers, dont plus de 3 500 banques et 1 200 compagnies d'assurances, mais également des organismes de crédit, des sociétés de courtage, des gestionnaires d'actifs, des OPCVM. L'agence publie des notations sur plus de 2 000 entreprises, 100 États et 200 collectivités territoriales, 600 émissions de financement d'infrastructures et 46 000 émissions municipales aux États-Unis. Nous suivons en outre plus de 6 000 émissions de financement structuré aux États-Unis, 1 300 en Europe et 500 en Asie.

Au cours de l'exercice clôturé le 30 septembre 2011, Fitch Ratings a réalisé un chiffre d'affaires de 733 millions de dollars[1]. Depuis quelques années, l'agence tire un grand profit de sa forte implantation dans les pays émergents d'Asie et d'Amérique latine : nous enregistrons des taux de croissance particulièrement élevés dans ces régions et nos effectifs ne cessent d'y croître. Au total, Fitch Ratings réunissait 2 400 collaborateurs fin avril 2012.

En réalisant les acquisitions successives qui ont donné naissance à la troisième agence de notation mondiale, Fimalac a été le maître d'œuvre de la recomposition de ce secteur d'activité. Avant la création de Fitch Ratings,

---

1. Ce chiffre d'affaires a été réalisé pour 39 % en Amérique du Nord, 39 % en Europe, au Moyen-Orient et en Afrique, 13 % en Asie et dans la zone pacifique, et 9 % en Amérique latine.

le marché mondial de la notation était dominé par des entreprises américaines dont les activités étaient concentrées sur le territoire des États-Unis. Dès le rachat d'IBCA par Fimalac, j'ai décidé d'ouvrir des filiales dans tous les pays européens, ce qui a poussé Moody's et Standard & Poor's à accélérer le développement de leurs filiales européennes.

Fitch Ratings illustre parfaitement l'ambition internationale que je caressais pour Fimalac. Cette ambition repose sur trois cercles concentriques. Le premier est une identité française, liée à la nationalité de l'actionnariat. Le deuxième est un socle européen, face à des concurrents essentiellement américains. Le troisième est une vocation mondiale avec une présence forte aux États-Unis.

Dans la mesure où les États, les collectivités locales, les entreprises de tous les pays, avancés ou émergents, privilégient désormais le marché pour lever des capitaux, le rôle des agences de notation est devenu incontournable. Mais aussi, forcément, controversé. Beaucoup de commentateurs étourdis par la modernité ne comprennent malheureusement pas le monde qui se construit devant eux. Quant aux politiciens et à leurs piliers d'antichambre, ils ne supportent pas l'idée d'être responsables de leurs erreurs et de leur mauvaise gestion. Quand on cafouille et qu'on rate ses objectifs, le plus simple est de chercher des boucs émissaires. Or les agences de notation dérangent : elles sont les seules à pouvoir émettre une opinion sur la solvabilité des emprunteurs en toute indépendance et en toute transparence.

Lors des cinq dernières années, j'ai appris à faire face à des critiques vives, souvent partisanes et, pour beaucoup d'entre elles, parfaitement démagogiques. Mais les tensions et la critique font partie intégrante de ce métier : il faut du sang-froid pour l'exercer. Éditorialistes et politiciens se livrent à des concours de gémissements outragés à notre encontre. C'est à qui tapera le plus fort. Tous préfèrent l'attaque frontale à l'analyse des responsabilités : c'est tellement pratique. On prend position, on stigmatise, on s'indigne. Qui réfléchit ? Ceux qui savent ne parlent pas. Ceux qui parlent, pour la plupart, ne savent pas. C'est exactement ce qui s'est passé depuis l'explosion de la crise américaine de 2007.

Chapitre 2

La crise américaine de 2007

Le récit qui a été fait de la crise née de l'explosion de la bulle immobilière américaine est le fruit d'une réflexion en décalage par rapport à la réalité. Les acteurs de cette crise se sont majoritairement efforcés d'échapper à leurs responsabilités. L'homme politique est le plus talentueux à ce jeu, car la politique se résume trop souvent à l'art d'intoxiquer les médias et l'opinion publique en leur présentant une vision déformée des faits.

C'est particulièrement vrai de l'explication des causes de la crise financière américaine. Tout commence en août 2007 lorsque la crise fait la « une » des médias à la suite de la publication d'une lettre adressée par Nicolas Sarkozy à Angela Merkel, qui présidait cette année-là le G8. Lettre mettant en cause des acteurs de second rang et plaçant l'accent sur des symboles dont le rôle n'avait été que marginal. Or si l'on veut saisir les origines de la crise, il faut comprendre le contexte économique et financier mondial qui a précédé son déclenchement et se pencher sur la politique économique mise en place par les présidents Bill Clinton et George W. Bush pour doper artificiellement la croissance américaine.

Contrairement à ce que certains prétendent, nul n'a vraiment vu venir la crise. Il serait d'ailleurs très intéressant de trouver des réponses à la question suivante : pourquoi une telle cécité ?

La crise est le fruit de la mondialisation financière. Les déséquilibres des échanges commerciaux internationaux ont produit des liquidités représentant environ 27 % du PIB mondial. Provenant essentiellement de Chine et des pays exportateurs de pétrole, ces liquidités sont en quête de placement. Ces « énormes masses de capitaux à bon marché se déversèrent sur les États-Unis, rendant l'emprunt bon marché », comme l'écrit très justement la commission d'enquête mise en place par le président Obama[1]. Censée réguler les flux financiers, la Réserve fédérale n'a rien

---

1. Créée en mai 2009, la Financial Crisis Inquiry Commission a remis ses conclusions en janvier 2011.

fait pour éviter la faiblesse artificielle du prix de l'argent : en provoquant la diminution des taux d'intérêt, l'abondance de liquidités au niveau mondial a poussé les investisseurs à se tourner vers des actifs plus rémunérateurs mais plus risqués. Voilà ce qui a permis au secrétaire américain au Trésor de l'époque, Henry Paulson, de prétendre que la crise était imputable aux Chinois qui disposaient de considérables liquidités en quête d'emploi !

Qui est le véritable responsable de la crise des *subprimes* ? Par l'une des magistrales leçons de désinformation dont elles sont coutumières, les autorités des principaux pays occidentaux se sont employées à convaincre l'opinion publique que la crise était entièrement due à l'irresponsabilité d'acteurs privés. Il a fallu attendre les conclusions des enquêtes ordonnées par le président Obama pour que les responsabilités soient mieux établies : « La bulle [immobilière] de 1997-2007 s'amplifia et dura davantage que les précédentes du fait des politiques des gouvernements, qui accrurent artificiellement la demande de logements en dirigeant vers le marché immobilier davantage de fonds que ceux qui auraient été disponibles si les anciennes normes avaient été maintenues et si le gouvernement n'avait pas suscité la croissance des *subprimes*[1]. »

Tout a démarré avec un noble objectif partagé par Bill Clinton et George W. Bush : permettre à tous les Américains de devenir propriétaires de leur logement. En 2005, alors que George W. Bush était président, 70 % des Américains avaient réalisé ce rêve : c'était du jamais vu. Mais les autorités poursuivaient également un objectif économique consistant à soutenir la croissance en laissant gonfler une bulle immobilière. L'attribution de crédits à risque fut encouragée par pure stratégie : la construction immobilière était le facteur essentiel du surplus de croissance qui assurait le plein-emploi, et le gouvernement américain en espérait des miracles. La relance de ce secteur d'activité a effectivement permis de créer 8 millions d'emplois. Mais cette politique n'en était pas moins dangereuse. Le gouvernement Bush comptait par ailleurs en tirer un bénéfice secondaire consistant à arracher aux démocrates le vote des minorités ethniques les plus défavorisées.

---

1. Voir sur ce point : The Financial Crisis Inquiry Commission, *The Financial Crisis Inquiry Report. Final Report of the National Commission on the Causes of the Financial and Economic Crisis in the United States*, janvier 2011.

subprime étaient incomplets. Or 70 % des prêts consentis aux plus démunis étaient proposés par des officines dont les dirigeants n'avaient pas à faire la preuve de leurs compétences ou à obtenir une autorisation d'exercer : l'enregistrement de leurs activités n'était que déclaratif. La commission d'enquête a montré par la suite que selon les États, de 15 à 25 % des dirigeants de ces officines avaient un passé judiciaire.

Ensuite opéraient les sociétés de prêts hypothécaires dont on a appris plus tard qu'elles assuraient fréquemment le financement de l'acquisition des logements sans vérifier la teneur des dossiers présentés par les courtiers et qu'elles s'étaient montrées de plus en plus accommodantes quant à la qualité desdits dossiers : la quantité devait prévaloir sur la qualité ! C'est ainsi qu'en trois ans, de 2004 à 2007, Countrywide Financial, qui était alors l'une des principales sociétés de prêts hypothécaires, a accordé 150 milliards de dollars de prêts *subprime*.

Il y a eu plus grave encore : afin d'éviter d'être accusées de pratiques discriminatoires, les sociétés de prêts immobiliers ont accordé des crédits à des candidats dont la solvabilité était très hypothétique. Les enquêtes fédérales menées depuis cette époque ont montré que les agences de notation avaient souvent été abusées par des organismes prêteurs qui surestimaient artificiellement la solvabilité des emprunteurs et la qualité du logement acquis. Il faut noter à leur décharge que depuis l'adoption en 1977 du *Community Reinvestment Act* et des textes venus le compléter ultérieurement, tout établissement financier qui refusait d'accorder des prêts à des membres de minorités aux revenus modestes pouvait faire l'objet de sanctions[1].

Pour les candidats à la propriété, c'était le rêve ! Grâce aux conditions miraculeuses consenties par les établissements financiers, le marché de l'immobilier finit par exploser. Les

---

1. Adopté en 1977, le *Community Reinvestment Act* contraint les établissements financiers à faire la preuve que leur refus d'accorder des prêts à des clients issus de minorités ethniques est fondé sur des critères strictement économiques. Depuis les années 1930, les établissements financiers américains avaient en effet recours au système du *redlining* : les particuliers et les entreprises qui étaient domiciliés dans les quartiers délimités par des « lignes rouges » tracées sur une carte ne se voyaient pas attribuer les mêmes conditions de crédit que ceux qui se trouvaient hors de ces zones. Privés d'investissement, ces quartiers pauvres peuplés majoritairement de minorités ethniques étaient progressivement devenus des ghettos.

citoyens américains les plus pauvres empruntaient à un taux voisin de zéro pour acquérir un toit. Ils étaient mêmes dispensés de payer des intérêts pendant deux ans. En clair, ils étaient logés presque gratuitement et pouvaient ensuite réaliser un profit en revendant leur logement puisque le prix de l'immobilier grimpait de 10 % par an.

De plus, les organismes de crédit n'avaient pas à supporter le risque de non-remboursement des prêts qu'ils accordaient. Deux organismes furent chargés de garantir le refinancement de ces prêts : Fannie Mae et Freddie Mac. Ces deux sociétés de droit privé, qui font appel à l'épargne publique, ont le statut de *government sponsored enterprise* (GSE, « entreprise soutenue par le gouvernement »). Elles ont l'obligation légale de refinancer les prêts immobiliers à taux réduit accordés aux familles défavorisées, bref les *subprimes*. Dès 1994, le gouvernement démocrate avait demandé que 42 % des crédits *subprime* accordés aux États-Unis soient obligatoirement refinancés par ces deux organismes.

Grâce à cet édredon exceptionnellement épais, les établissements petits ou grands pouvaient distribuer généreusement des crédits – à taux bonifié si nécessaire ! – sans se préoccuper de la solvabilité de leurs clients : la loi obligeait ces deux agences à en garantir le refinancement. Comme l'a noté Vincent Bénard, l'ancien président de l'Institut Hayek de Bruxelles, l'État a « poussé à l'irresponsabilité les acteurs de la chaîne de crédit et a acculé à la faillite nombre de familles qu'il prétendait aider. Si le marché s'était régulé lui-même, ces excès n'auraient pas été commis, jamais la bulle immobilière n'aurait été aussi grosse ». Fannie Mae et Freddie Mac sont peu à peu devenus les réceptacles de tous les crédits accordés par les établissements bancaires. Selon la Federal Housing Finance Agency, ces deux agences refinançaient en 2007 82 % des prêts *subprime* accordés cette année-là, contre 42 % en 2006. Répétons qu'il ne s'agissait pas là de mauvaise gestion : ces deux organismes ne faisaient que se plier à une obligation légale. Mais ils commirent par ailleurs l'erreur de se porter acquéreurs de prêts *subprime* à titre de placements. Leur part dans le financement des prêts *subprime* était donc largement supérieure aux 50 % retenus par les statistiques officielles.

Fannie Mae et Freddie Mac jouissaient ainsi d'un statut spécial. « Bien qu'officiellement privés, observe Vincent Bénard, les deux établissements ont toujours été considérés, du fait de leur tutelle publique et de leur rôle social, comme disposant d'une garantie implicite du Trésor américain. » Grâce à cette garantie, les titres émis par les deux organismes bénéficiaient naturellement de la note des États-Unis, soit AAA. Ces prêts étaient ensuite mutualisés par les deux grands établissements parapublics qui, dépourvus de capitaux propres, bénéficiaient de la garantie implicite de l'État pour les titres qu'ils émettaient puis plaçaient dans le monde entier. Ils étaient aussi appréciés par les banques centrales que les titres émis par l'État américain. Les créances détenues sur ces deux organismes par la Russie et la Chine représentaient ainsi 10 % de leurs PIB respectifs en 2008.

Un grand nombre de ménages américains aisés profitèrent de l'existence des crédits *subprime* pour spéculer : ils achetaient plusieurs biens immobiliers en vue de les revendre avec profit sans devoir rembourser leur crédit dans l'intervalle et dissimulaient le fait qu'ils n'allaient pas les habiter. Quand le marché s'est effondré, ces ménages n'ont pas honoré leurs dettes.

L'inventivité financière des principales banques d'investissement, en particulier américaines, a donné une ampleur considérable à la crise : elles ont proposé aux investisseurs des produits financiers complexes. On peut les définir comme des produits dérivés des crédits immobiliers consentis. Un monde autonome a vu le jour : la créativité financière s'est détournée de l'économie réelle. Elle est devenue trop sophistiquée. En témoignent les fameux « produits structurés complexes » qui regroupaient un certain nombre de crédits consentis par les banques hypothécaires, dont des crédits *subprime*. Ces produits étaient ensuite vendus à différents acteurs : des banques à la recherche de placements juteux, des compagnies d'assurances, des investisseurs qui les conservaient dans leurs actifs… C'est ainsi que près de la moitié des crédits *subprime* se retrouvèrent indirectement au bilan d'investisseurs à la recherche de placements à forte rentabilité.

Afin de répondre à l'afflux de demandes, les banques d'investissement américaines ont inventé les *structured investment vehicles* (SIV), c'est-à-dire des structures qui détenaient non seulement des « produits complexes » mais aussi des titres de dette émis par des entreprises ou des États, des crédits immobiliers et de la trésorerie. Purement financiers, les SIV amplifièrent les effets de l'explosion de la bulle en raison de leur complexité, de leur trop grande sophistication et surtout de leur volume.

Il s'est par ailleurs révélé délicat de distinguer à l'intérieur des produits financiers complexes les crédits sains de ceux qui devenaient douteux sous l'effet de la baisse du prix de l'immobilier. C'est à ce niveau que les agences de notation, prises globalement, ont leur part de responsabilité : elles ont accepté de noter ces produits. Elles ont même accordé des notations trop élevées à de nombreux produits structurés par les banques d'investissement, ce qui a conduit certains investisseurs à sous-estimer les risques implicites. C'est ainsi qu'elles ont contribué à l'amplification de la crise immobilière. Il faut rappeler à leur décharge que nul n'imaginait que la valeur de l'immobilier résidentiel puisse décroître aussi brutalement et que les sommes nécessaires à son financement ne puissent plus être trouvées. Nous y reviendrons.

La crise aurait dû rester circonscrite aux États-Unis, comme l'avaient été celle des *savings and loan* dans les années 1980 et l'explosion de la bulle Internet en l'an 2000. Mais parce que leur rémunération était juteuse, les produits destinés à doper le marché immobilier américain ont été massivement achetés par des établissements financiers opérant hors des États-Unis. Les régulateurs des différents pays européens ont laissé faire : ils n'ont pas jugé bon d'alerter les investisseurs des risques éventuels liés à l'évolution de l'immobilier américain.

Il est important de souligner le caractère inédit de cette crise : son originalité vient du fait qu'il s'agit de la première crise financière à échelle mondiale. Les États-Unis ont contaminé l'ensemble de la planète, à commencer par l'Europe, en faisant financer leur bulle immobilière par le reste du monde. C'est la principale raison de l'internationalisation de la crise.

Les autorités publiques européennes ont longtemps refusé d'accepter la réalité : les établissements financiers européens ont financé près de 40 % de la bulle immobilière américaine tandis que les banques asiatiques, nettement plus prudentes, se cantonnaient à 10 %. Bien qu'ils aient détenu les réserves de change les plus importantes, ce ne sont pas les pays émergents qui ont acheté les titres de dette reposant sur l'immobilier américain mais les institutions financières des pays les plus endettés, c'est-à-dire les Européens ! En faisant sauter le verrou bancaire, la « désintermédiation » a permis de disséminer les risques dans le monde entier par la voie de véhicules spécialisés.

À la suite de la crise, les établissements financiers ont dû effectuer des dépréciations massives qui, selon le FMI, se sont élevées en valeur d'origine à près de 4 100 milliards de dollars entre 2007 et 2010, dont 2 700 milliards pour les États-Unis, 1 200 pour l'Europe et 150 pour le Japon. Ces chiffres traduisent bien le rôle joué par les institutions financières européennes dans le financement des crédits américains toxiques. Si la BCE avait été dotée à cette époque d'un « superviseur unique » pour surveiller les banques de la zone euro, celles-ci auraient peut-être évité de prendre autant d'engagements. Mais les États européens préféraient alors le « chacun chez soi » : aucun d'entre eux ne voulait entendre parler d'« union bancaire ».

En dépit de ses propres difficultés, l'Europe s'est donc offert le luxe de financer à hauteur de 40 % le surplus de la croissance américaine nécessaire pour assurer le plein-emploi. Surplus dû pour 80 %, d'après le Trésor américain, à la bulle de l'immobilier résidentiel, dopé par l'explosion de crédits destinés aux plus défavorisés…

Grâce aux énormes masses de capitaux à bon marché qui se déversaient sur les États-Unis, le financement de la bulle immobilière était assuré. Et les Américains ont pu toucher du doigt leur rêve : avoir un chez-soi bien à soi.

La pérennité du mécanisme mis en place reposait sur deux conditions. Il fallait tout d'abord que les taux d'intérêt restent très faibles afin d'assurer le financement des crédits hypothécaires. Or la Réserve fédérale américaine a progressivement resserré sa politique monétaire, ce qui a porté les taux d'intérêt à un niveau trop élevé pour favoriser l'acquisition de logements[1]. Il fallait également que la valeur de l'immobilier continue à croître, qu'elle évite de stagner, mais surtout qu'elle ne baisse pas afin de prévenir l'incapacité des emprunteurs à rembourser leurs crédits – incapacité qui aurait

---

1. Le taux directeur de la Réserve fédérale fut porté à 5,25 % en juin 2006 et fut maintenu à ce niveau jusqu'en septembre 2007.

provoqué la faillite des organismes de prêts hypothécaires puis l'effondrement des banques qui les soutenaient. Toute la chaîne immobilière se trouvait en péril, les difficultés des uns avivant les difficultés des autres. La spirale de la crise financière était enclenchée. Et parce que les pays étrangers étaient concernés pour près de 50 % de la bulle immobilière américaine, cette crise allait devenir mondiale.

Fitch s'est assez rapidement inquiété d'un ralentissement éventuel du prix de l'immobilier résidentiel américain. Dès le début de 2005, l'agence a indiqué au marché que le secteur du prêt immobilier américain avait été ouvert à des emprunteurs à la solvabilité discutable. Datée du 15 avril de cette année, une note publique de recherche relative aux *subprimes* américains évoquait les craintes suscitées par les nouvelles émissions en raison du manque d'encadrement des conditions d'accès au crédit. Les notes publiques de recherche du 17 janvier 2006 et du 11 décembre 2006 annoncèrent quant à elles que le ralentissement de la croissance des prix américains de l'immobilier présentait des risques concernant l'appréciation de la performance des *subprimes*. Nous en avons naturellement tiré les conséquences : nous nous sommes progressivement éloignés du marché des produits financiers qui reposaient sur l'immobilier résidentiel américain. C'est ainsi que notre part de marché de la notation des titres de dette gagés par des prêts hypothécaires résidentiels (*residential mortgage-backed securities* ou RMBS) a chuté de 85 % à 40 % entre 2000 et 2006. Pendant cette période, les parts de marché de l'un de nos deux grands confrères américains, très agressif commercialement sur ce segment de marché, passaient d'à peine 40 à 90 % ! En raison de la complexité de ce produit, Fitch a même refusé, contrairement à certains de ses confrères, de noter le CPDO (*constant proportion debt obligation*)[1]. Il me semble donc injuste de dire que nous n'avons rien vu venir. Je regrette qu'une personnalité aussi respectable que Michel Rocard ait pu écrire dans un livre intitulé *Mes points sur les* i. *Propos sur la présidentielle et*

---

1. Créé en 2006 par la banque néerlandaise ABM AMRO, le *constant proportion debt obligation* est un produit dérivé extrêmement sophistiqué qui permettait de parier sur le comportement d'un autre produit dérivé, le *credit default swap*, censé protéger le souscripteur d'obligations contre le risque de défaillance de l'émetteur.

la crise[1] qu'« aucune [agence de notation] n'a pressenti la dangerosité des crédits *subprime* ». Et je ne m'explique pas les raisons pour lesquelles Mme Catherine Gerst, une ancienne collaboratrice de Moody's, a induit en erreur les membres de la Mission commune d'information sur le fonctionnement, la méthodologie et la crédibilité des agences de notation créée par le Sénat français en leur indiquant, selon la presse, qu'« il y avait là un énorme marché […] les agences se sont précipitées […] aucune n'a eu le courage de dire "on ne peut pas noter"[2] ».

Ce qui est vrai, c'est que nul n'avait anticipé une dégradation de la valeur de l'immobilier résidentiel. Si brutale, qu'elle entraîna la suspension du financement de ce secteur d'activité. Les gouvernements, les parlementaires, les régulateurs, les économistes et les médias ne se sont pas montrés plus clairvoyants sur ce point que les agences de notation.

Lors de la réunion de l'*international advisory committee* de Fitch, présidé par Valéry Giscard d'Estaing, qui s'est tenue en novembre

---

1. Odile Jacob, 2012.

2. Source : http://www.lexpress.fr/actualites/1/economie/sous-effectifs-concurrence-d-ex-salaries-d-agences-de-notation-temoignent_1093612.html

2006 à Francfort, nous avons évoqué l'évolution des conditions économiques mondiales avant de nous pencher plus particulièrement sur la situation des États-Unis. J'ai relu, depuis, le compte rendu des interventions des uns et des autres. Rien n'est plus instructif : alors que nous n'étions qu'à sept mois de l'explosion de la bulle immobilière, aucun de nos interlocuteurs n'anticipait cette crise. Pas une de ces personnalités dont l'expertise faisait autorité sur la scène internationale ne tira la sonnette d'alarme. Paul Volcker, l'ancien gouverneur de la Réserve fédérale américaine devenu l'un des conseillers économiques du président Obama, s'attendait comme Fitch à la fin probable de l'envolée des prix de l'immobilier : « L'économie a progressé en dépit de la crainte des déséquilibres, de la crainte des déficits publics, de la crainte des déficits extérieurs et, je pense, en dépit des inquiétudes relatives à la fin de l'expansion du secteur immobilier — du moins dans sa forme extrême. » Il n'envisageait toutefois pas le déclenchement d'une crise : « Je ne vois rien qui laisse attendre un changement soudain de cette situation. [...] Pour le moment, je pense donc que l'économie dispose d'un élan suffisant pour continuer de croître à un rythme modéré. Quelque chose pourrait se produire et changer la donne, mais selon moi du moins, ce n'est pas très prévisible à l'heure actuelle. » Hans Tietmeyer, l'ancien gouverneur de la banque centrale allemande, s'inquiétait pour sa part des conséquences à long terme de l'endettement galopant des États. Les faits ont malheureusement confirmé son intuition. Quant à Valéry Giscard d'Estaing, il s'était interrogé sur les récentes innovations financières qui se développaient dans « une sorte de communauté financière mondiale qui intrigue et peut être parfois un peu effrayante ».

Les autres participants – qu'il s'agisse de Lamberto Dini, ancien président du Conseil italien, de Karel Van Miert, ancien commissaire européen à la Concurrence, ou encore de Carlos Solchaga, ancien ministre de l'Économie et des Finances espagnol – n'ont ni exprimé ni laissé paraître une quelconque préoccupation à ce sujet. Rien dans leurs propos, pas plus que dans ceux de Laurent Fabius, de Michel Pébereau ou de Lord Simon, l'ancien président de British Petroleum, ne nous a conduits à penser qu'il nous fallait envisager une probable crise immobilière aux États-Unis. Plus symptomatique encore : William J. McDonough, qui avait joué un rôle majeur dans le sauvetage du fonds Long Term Capital Management (LTCM) en tant que président de la Réserve fédérale de New York, n'a pas manifesté de signe d'anxiété.

Dès la fin de l'année 2006, nous avons commencé à dégrader la note des produits financiers adossés à l'immobilier américain afin de tenir compte de la baisse des prix dans ce secteur. L'inquiétude grandit au cours du second trimestre 2007 : les défauts de remboursement des emprunts contractés pour accéder à la propriété se multipliaient et s'amplifiaient. Alors que le prix de l'immobilier avait crû de 13 % au premier trimestre 2006, il diminua de 4 % au troisième trimestre puis de 10 % lors des six mois suivants. La chute fut aussi soudaine que brutale.

Les premières secousses du tremblement de terre qui allait bouleverser la planète financière n'inspirèrent que peu de réactions. Les bonnes décisions ne furent pas au rendez-vous. Le secrétaire d'État américain au Trésor, Henry Paulson, s'en tint à la conception traditionnelle selon laquelle il n'existe pas de crise financière qu'une mise à disposition massive de liquidités ne puisse résoudre. Il aurait dû intervenir pour tuer dans l'œuf les risques liés à une brutale dégradation de la valeur de l'immobilier résidentiel. Ce fut sa première grande erreur. Reconnaissons à sa décharge que jamais une telle chute ne s'était produite aux États-Unis. Sa seconde erreur fut bien sûr de ne pas empêcher la mise en faillite de Lehman Brothers alors même que la crise commençait à s'essouffler.

Le 2 avril 2007, le fonds hypothécaire New Century se déclara en faillite. Le 7 juin 2007, deux *hedge funds* de Bear Stearns sombrèrent à leur tour. La dégradation de la valeur de l'immobilier américain s'aggrava. Les ventes de créances immobilières s'accélérèrent : les institutions financières américaines les bradèrent pour rembourser leurs dettes et couvrir les appels de marges exigés par les banques[1]. Le 3 mai 2007, Fitch fit connaître au marché

---

1. L'appel de marge est le montant versé par un investisseur ou par un intervenant sur les marchés pour couvrir sa position acheteuse ou vendeuse. Il est notamment utilisé sur les marchés dérivés organisés.

L'appel de marge est aussi de plus en plus fréquemment utilisé pour les opérations de gré à gré. Il correspond alors au versement effectué entre les parties pour compléter le dépôt de garantie lié à la dépréciation pour l'un et à l'appréciation pour l'autre de l'actif du sous-jacent au contrat.

son intention de placer sous surveillance renforcée une centaine de transactions RMBS *subprime*. L'agence fut contrainte de dégrader massivement ces titres. Entre le 10 et le 12 juillet, Fitch plaça sous perspective négative, en vue de leur dégradation, un nombre très important de *collateralized debt obligations* (CDO)[1] et de « véhicules » contenant des RMBS *subprime*. Henry Paulson ne cillait toujours pas : sans doute s'attendait-il à ce que les dégradations successives épousent peu à peu l'évolution du marché immobilier, que nul ne voyait s'effondrer. Les autorités américaines géraient la situation dans la discrétion, sans doute pour éviter l'affolement.

Christopher Cox, le président de la Securities and Exchange Commission, fit état en juin 2007 des appréhensions que lui inspiraient les deux fonds spéculatifs de Bear Stearns qui avaient massivement investi dans les crédits

---

1. Les *collateralized debt obligations* (CDO) sont des titres représentatifs de portefeuilles de créances bancaires ou d'instruments financiers de nature variée. Issus de montages complexes, ces produits répondent à différents besoins : réduction des coûts de refinancement, exploitation d'opportunités d'arbitrage, transfert du risque de crédit. Les CDO sont émis en tranches ; l'émetteur vend aux investisseurs des produits plus ou moins risqués selon la tranche choisie.

subprime et étaient au bord de la faillite. Il fut pratiquement le seul. « Notre souci est de voir s'il y a potentiellement un risque systémique », expliqua-t-il à l'époque[1]. Le 9 août 2007, Baudouin Prot, qui était alors directeur général de BNP Paribas, annonça la suspension du remboursement de trois Sicav monétaires qui avaient placé une large partie de leur trésorerie dans des crédits immobiliers américains à risque. La crise était en train de s'internationaliser. On passa très vite de l'euphorie à la panique. Le comportement des acteurs changea alors de façon radicale. Ni les banquiers, ni les investisseurs, ni les autorités de régulation de chacun des pays concernés, ni les différentes banques centrales n'étaient en mesure de connaître le degré d'exposition au risque des uns et des autres. Les établissements qui détenaient les fameux prêts immobiliers dans leurs actifs s'affolèrent. Tétanisé, le marché interbancaire cessa de fonctionner. La liquidité des banques n'était plus assurée, leur solvabilité

---

1. Un risque systémique est un risque qui peut menacer l'existence d'un système donné. La faillite d'une institution financière importante en constitue un exemple : ses répercussions sur les autres établissements mettront en péril le système financier tout entier.

était mise en question, les banques ne se prêtaient plus les unes aux autres. La crise commençait. Pour éviter la panique, les banques centrales – en particulier la Fed – offrirent sans limite leur concours aux banques.

Aurait-on pu réduire les dégâts à défaut d'éviter la catastrophe ? Beaucoup d'experts le pensent. D'après eux, le gouvernement aurait dû intervenir lorsque la baisse du prix de l'immobilier devint évidente. Le dynamisme de ce secteur d'activité était la clé de la croissance américaine : il était donc inimaginable que les dirigeants des États-Unis gardent les bras croisés en cas de chute de la valeur de l'immobilier résidentiel. Parce que les neuf dixièmes des prêts immobiliers accordés aux États-Unis étaient financés ou garantis par Fannie Mae et Freddie Mac, Henry Paulson aurait dû donner dès juin 2007 la garantie explicite du gouvernement américain aux engagements de ces deux organismes. Puisque leurs fonds propres étaient limités à 80 milliards de dollars, ils devaient les céder en grande partie. D'où l'implication des institutions financières européennes, qui recherchaient ces produits pour augmenter leurs profits.

On peut supposer qu'en accordant la garantie du gouvernement à Fannie Mae et Freddie Mac, Henry Paulson aurait rassuré le marché : il lui aurait indiqué de la sorte que les pouvoirs publics n'entendaient pas rester passifs. Car même aux yeux d'Alan Greenspan, qui fut à la tête de la Réserve fédérale des États-Unis de 1987 à 2006, ces deux organismes étaient les principaux responsables de la bulle immobilière. Comme Fannie Mae et Freddie Mac disposaient du statut de *government sponsored enterprise*, beaucoup d'investisseurs considéraient qu'ils bénéficiaient de la garantie du gouvernement.

Il a fallu attendre septembre 2008, c'est-à-dire un an trop tard, pour que cette garantie devienne explicite sous l'effet de la décision prise par Henry Paulson de nationaliser les deux organismes litigieux. Le gouvernement américain s'engagea alors à couvrir leurs pertes sans limitation jusqu'en 2012 : 6 300 milliards de dollars de prêts furent cautionnés par l'État. Mais la crise avait déjà fait des ravages. Timothy Geithner, le secrétaire d'État au Trésor du président Obama, se crut ainsi obligé « de promettre aux investisseurs internationaux [de prendre] toutes les décisions utiles pour assurer leur stabilité ». Quel dommage que Paulson ne se soit pas exprimé en ces termes en juin 2007 ! Cela n'aurait pas prévenu l'éclatement de la crise, puisque les principaux produits dérivés des crédits immobiliers consentis étaient aux mains d'institutions financières privées. Il aurait bien fallu purger la bulle. Mais la crise n'aurait jamais pris cette ampleur. Les banquiers centraux s'inquiétèrent de la perspective d'une véritable crise systémique. Répugnant à se prêter mutuellement, les banques provoquèrent une crise de liquidités. La Réserve fédérale dut injecter plus de 3 000 milliards de dollars, dont une grande partie était destinée aux banques européennes, très exposées au crédit hypothécaire américain. Sans ces prêts en dollars, elles auraient connu des difficultés insurmontables. En plus de ces prêts aux opérateurs financiers, la Fed dut prêter des centaines de milliards de dollars aux principales banques centrales, dont la Banque centrale européenne.

Alors que ces injections massives de liquidités commençaient à donner le signal du retour de la confiance, la mise en faillite par le gouvernement américain de Lehman Brothers, le 15 septembre 2008, entraîna des effondrements en chaîne en raison de l'inter-connexion des marchés à l'échelle du globe. La crise est devenue mondiale et les marchés financiers se sont retrouvés sous respiration artificielle. Henry Paulson n'avait pas mesuré qu'il allait provoquer une crise systémique.

L'économiste Jacques Marseille a comparé le 15 septembre 2008 au krach du jeudi 24 octobre 1929. Selon lui, la crise aurait détruit au 31 décembre 2009 50 000 milliards de dollars, soit l'équivalent d'une année du PIB mondial. Le sauvetage du système financier mondial aurait quant à lui nécessité plus de 2 500 milliards de dollars, un montant voisin du PIB de la France[1].

De nombreux intervenants, dont la commission d'enquête sur la crise financière mise en place par Barack Obama, ont considéré que la Réserve fédérale portait également une part de responsabilité. Il est vrai qu'elle a maintenu les taux d'intérêt à un très faible niveau au prétexte que leur relèvement briserait l'envol de la croissance et interdirait le retour au plein-emploi. Il est vrai aussi qu'elle n'a pas jugé

---

1. Jacques Marseille, « La crise en France ? Quelle crise ? », *Le Point*, 21 janvier 2010.

souhaitable de réguler l'activité des sociétés de prêts hypothécaires au motif que leur surveillance relevait de l'agence fédérale en charge de la protection des consommateurs, la Federal Trade Commission. Parce qu'elle s'est abstenue d'intervenir, la banque centrale a été accusée d'avoir indirectement favorisé la formation de la bulle immobilière. Face aux critiques, Alan Greenspan s'est justifié en indiquant au Congrès qu'il n'avait pas « les pouvoirs réglementaires nécessaires pour endiguer la dérive de la situation ». Pourquoi diable ne les a-t-il pas réclamés ? lui ont demandé certains parlementaires américains.

Il a également été reproché à la banque centrale américaine de ne pas être intervenue lors des dix années précédant 2007 afin d'éviter la propagation de l'incendie et *a fortiori* en 2006, quand les premières brindilles prirent feu. La Réserve fédérale ne s'est intéressée qu'à partir de 2006 au marché des prêts hypothécaires – mais pour porter comme tout le monde une appréciation positive sur son fonctionnement. Quelques mois à peine avant l'éclatement de la bulle immobilière, le gouverneur de la Fed, Ben Bernanke, a estimé que le risque associé aux prêts *subprime* était « contenu ». « Pourquoi devrais-je faire confiance à Ben Bernanke [...] qui n'a absolument pas vu venir la crise et n'a cessé, une fois que celle-ci a éclaté, d'en minimiser les conséquences ? » a déclaré le Prix Nobel Joseph Stiglitz en septembre 2010[1]. La Réserve fédérale a été critiquée pour ne pas être intervenue quand l'encours des crédits immobiliers s'est mis à progresser de plus de 10 % par an. Mais forte du sauvetage de la LTCM réalisé par William J. McDonough, alors président de la Banque fédérale de réserve de New York, la Fed se croyait en mesure de gérer la situation en cas d'éclatement de la bulle, quelles que soient sa taille ou son origine. En organisant d'une façon exemplaire sa recapitalisation, McDonough avait en effet évité la faillite de LTCM qui, empruntant plus de 35 dollars pour chaque dollar en fonds propres, détenait 1 250 milliards de dollars de produits dérivés – un ratio d'endettement sur fonds propres extrêmement élevé, donc déraisonnable.

Pour sa défense, Greenspan a d'ailleurs précisé que c'était le Congrès américain qui avait poussé la banque centrale à encourager l'attribution de crédits immobiliers aux ménages

---

1. « Les réformes financières sont insuffisantes », entretien avec Joseph Stiglitz, *L'Express*, 25 septembre 2010.

défavorisés : « Si, à l'époque, nous avions dit que nous assistions à la formation d'une bulle, le Congrès aurait déclaré que nous ne comprenions rien ! » a-t-il affirmé. Bref, Alan Greenspan a refusé de servir de bouc émissaire.

Pour avoir voulu doper artificiellement la croissance, incité les plus pauvres à croire que les arbres montent jusqu'au ciel et laissé imaginer qu'une garantie implicite valait une garantie explicite, les gouvernements américains, tant démocrate avec Bill Clinton que républicain avec George W. Bush, sont à l'origine de la crise immobilière. Il faut rappeler à leur décharge qu'ils partageaient avec la majorité des Américains le sentiment que la valeur de l'immobilier résidentiel ne pouvait que continuer à croître. L'optimisme légendaire des Américains ne leur a pas permis d'intégrer l'idée d'une baisse : si quelqu'un avait osé donner l'alerte, il aurait aussitôt été qualifié de « décliniste ». La majorité de la population américaine continue d'avoir une âme d'immigré. Or nous savons tous que les populations issues de l'immigration sont plus optimistes que les autres. Rien ne peut arriver qui ne puisse être résolu, alors pourquoi s'affoler…

Habitués à voir le gouvernement jouer les Superman à chaque tragédie économique, les Américains n'ont pas bronché. Le krach boursier d'octobre 1987, la faillite des caisses d'épargne américaines dans les années 1980 ainsi que l'éclatement de la bulle Internet en 2000 ont été endigués. Pourquoi réguler ? Pourquoi mettre en œuvre des procédures qui se traduiraient par un ralentissement de la croissance et une hausse du taux de chômage ? Très peu de personnes étaient en mesure de saisir l'ensemble des problèmes soulevés par cette crise. Ni le gouvernement, ni les parlementaires, ni les acteurs privés ne souhaitaient voir la fête s'achever. Les responsabilités sont partagées. Cette politique a de surcroît été encouragée par l'absence de pressions venant des autorités publiques ou politiques extérieures aux États-Unis, qui restèrent elles aussi étonnamment passives.

C'est si vrai que les chefs d'État et de gouvernement, réunis en juin 2007 au bord de la Baltique dans le cadre du G8, ne se préoccupent que de sujets relatifs à l'ordre du monde. Pas vraiment concernés par l'origine de la crise, ni les dirigeants d'Amérique latine ni ceux des pays asiatiques ne se manifestent. Le monde est calme.

Les dirigeants des principales économies mondiales s'enfoncent dans l'apathie de l'été. Seul Nicolas Sarkozy, qui aime passionnément occuper le terrain et se porter au-devant de la scène, ne peut rester passif. Juge-t-il qu'Angela Merkel, dont le pays vient de prendre la présidence du G8, ne dispose pas des capacités ou de l'expérience nécessaires pour apprécier la situation ? Alors qu'il est en vacances aux États-Unis, en août 2007, il lui adresse une lettre ouverte présentant sa vision des faits. Il alerte ainsi l'opinion publique, surtout européenne. Les médias s'emparent alors de la crise… La chasse aux boucs émissaires est ouverte.

Chapitre 3

La chasse est ouverte

Nicolas Sarkozy tenait à être le premier chef d'État à pointer du doigt les responsables de la formation de la bulle immobilière américaine et à s'exprimer sur les conséquences prévisibles de son explosion sur l'économie mondiale. Le président de la République avait une carte magnifique à jouer. Les États-Unis étaient en effet très affaiblis. La position personnelle du secrétaire au Trésor n'était pas meilleure : Henry Paulson se berçait de l'idée que tout finirait par s'arranger et préférait s'en tenir aux solutions traditionnelles, notamment aux injections massives de liquidités. Mais comme l'a noté l'essayiste Guy Sorman dans *Les Échos*, il s'agissait là de la « première crise à effet de contamination universelle, sans précédent ».

Les autorités américaines n'ont pas su prendre les bonnes décisions, mais elles ont été surprises par les réactions européennes.

Beaucoup pensaient qu'un chef d'État si désireux d'alerter l'opinion publique demanderait qu'un G4 constitué des États-Unis, de l'Europe, de la Chine et du Japon se réunisse d'urgence et exige du gouvernement des États-Unis qu'il rassure les institutions financières détenant des créances immobilières américaines, ce qui aurait permis d'éviter que la crise dégénère et que le ralentissement économique s'installe. Or ce n'est qu'un an plus tard, en août 2008, que Nicolas Sarkozy a prôné la transformation du G8 en G13, soit l'addition des grands pays occidentaux et des pays émergents. Afin de désamorcer les critiques, George W. Bush imposa le G20, dont font partie certains de ses alliés les plus sûrs : l'Arabie Saoudite, l'Australie, la Corée du Sud. Le G20 n'est toutefois rien d'autre que le Davos des chefs d'État : le nombre élevé de participants offre des possibilités de dialogue mais limite les prises de décision.

Si Nicolas Sarkozy avait, dans sa lettre du 16 août 2007, demandé à Henry Paulson d'accorder la garantie explicite du gouvernement américain aux titres émis par Fannie Mae et Freddie Mac, on peut penser qu'il aurait eu gain de cause. La Chine et la Russie n'obtinrent-elles pas satisfaction onze mois plus tard, le 26 juillet 2008, quand ces deux organismes furent mis sous tutelle publique ? Mais onze mois plus tard, c'était hélas onze mois trop tard : les dégâts s'étaient accumulés durant cette période.

Le message fort constitué par l'attribution de la garantie explicite du gouvernement américain aurait en partie rassuré le marché. La crise de liquidité bancaire aurait été moins violente, car les risques des banques auraient pu être évalués à froid. Lehman Brothers aurait peut-être échappé à la faillite. Il aurait bien sûr fallu faire dégonfler la bulle américaine et déprécier les produits immobiliers toxiques détenus par les investisseurs et les institutions financières. Mais cela aurait vraisemblablement permis de gagner du temps et d'éviter la généralisation de la panique.

Nicolas Sarkozy est donc en vacances à Wolfeboro, sur la côte Est des États-Unis. Il adresse à Angela Merkel une lettre préparée par la cellule économique de l'Élysée et peaufine ses déclarations aux différents médias. Nous fûmes nombreux à nous étonner que le président de la République fût si mal conseillé et que le souci de l'effet d'annonce eût primé sur l'analyse : une telle méconnaissance a de quoi surprendre. Est mise en avant toute une série de fariboles qui peuplent le cimetière des illusions perdues : les « mouvements de marché ne sauraient affecter durablement la croissance de nos économies, qui est robuste ».

Sur le plan macroéconomique, les réactions de l'Élysée ne sont pas compréhensibles. Elles traduisent une grande ignorance des réalités économiques de la part de conseillers qui font dire au chef de l'État, lors de ses interventions dans les médias postérieures à la publication de cette lettre, que nous assistons à un « léger dérèglement conjoncturel ». Et de préciser qu'il s'agit d'une crise « américaine ». CQFD : « je ne vois pas pourquoi elle affecterait l'économie européenne ». Ils ne voient pas, en effet… « L'Europe, et plus particulièrement la France, n'a pas d'inquiétude à avoir sur sa croissance en raison du *decoupling* entre les États-Unis et l'Europe », c'est-à-dire des taux de croissance non dépendants : « l'économie réelle se porte bien ». En bonne disciple du président de la République, Christine Lagarde, rentrée précipitamment de vacances, en rajoute : la ministre de l'Économie ne « craint pas de contagion à l'économie réelle ». Elle balaie tranquillement les inquiétudes sur le plateau du journal télévisé de 20 heures : « Nous allons forcément connaître un petit ralentissement, mais nous savons déjà que la reprise est dans la rue ! » On connaît la suite. Sans oublier toutes les réflexions philosophiques sur la « refondation du capitalisme », qui revêtent un caractère incantatoire dès lors que les autres pays n'ont pas la moindre intention de le refonder…

Grâce notamment aux pays d'Asie et d'Amérique latine, qui continuent de privilégier l'économie de marché, la crise dans le fonctionnement du capitalisme née des *subprimes* ne s'est pas transformée en crise du capitalisme. L'histoire nous enseigne que l'évolution du capitalisme est beaucoup plus lente que les réflexions et les débats suscités par une crise, si grave soit-elle : la crise financière américaine n'a guère eu d'effet sur la nature des économies de marché et n'en a eu que peu sur les règles qui les régissent.

S'ils avaient voulu analyser avec rigueur les origines de la crise, les conseillers du président auraient pu lui faire dire, à l'instar de Valéry Giscard d'Estaing, que « la crise a été causée par le grand dérèglement des grands équilibres économiques ». Ils auraient pu aussi s'inspirer des analyses de Michel Camdessus, ancien directeur général du Fonds monétaire international : « Les gouvernements sont les premiers responsables de la crise actuelle, car ils n'ont pas pris de mesures correctrices après les crises mexicaine de 1994 et 1995 et asiatique de 1997 et 1998, qui sont de même nature. »

Le président de la République aurait dû stigmatiser la politique américaine favorisant l'accès à la propriété immobilière dans le seul but de soutenir artificiellement la croissance économique. Il aurait dû fustiger le laxisme des régulateurs américains, à commencer par la Réserve fédérale. Il aurait pu critiquer les banques d'investissement américaines qui ont développé de dangereuses innovations financières. Warren Buffett, que le président Obama écoute tel un oracle, ne s'en est pas privé : « Les banques se sont trop exposées, elles ont pris trop de risques. Le problème est évident. C'est de leur faute. » Les conseillers de Nicolas Sarkozy savaient pertinemment que les institutions financières européennes avaient massivement investi outre-Atlantique : le plus influent d'entre eux n'était-il pas un ancien banquier d'affaires ? Il est intéressant de noter que dans sa lettre à la chancelière allemande, le président de la République ne dit rien des banques d'investissement alors qu'il évoque les banques commerciales en s'interrogeant sur « le rôle et la responsabilité des banques dans le bon fonctionnement des marchés de crédit ».

Les thèmes de la lettre adressée par Nicolas Sarkozy à Angela Merkel ainsi que ses premières déclarations m'ont glacé. Puisqu'il souhaitait être le premier chef d'État à s'exprimer, il fallait, après cette lettre ratée, qu'il reprenne l'initiative en proposant des mesures plus appropriées à la situation. Il en avait la possibilité. Les Américains faisaient le gros dos. Conscients du fardeau que constituait alors leur poids dans l'industrie financière, les Britanniques préféraient se faire oublier. Le gouvernement suisse, qui avait pris la mesure des engagements des banques helvétiques, cherchait à comprendre avant de réagir. Angela Merkel laissait faire le président français. La Commission de Bruxelles ne se sentait pas encore concernée. Quant aux pays d'Amérique latine et d'Asie, qui se trouvaient loin du cœur du réacteur, ils ne se manifestaient pas.

J'espérais pouvoir en discuter avec le président de la République à l'occasion de la remise du prix de l'Audace créatrice qui devait avoir lieu le 13 septembre 2007 à l'Élysée[1]. Ce jour-là, nous devions nous retrouver dans son bureau, en tête à tête, avant le début de la cérémonie. Je me réjouissais de pouvoir mettre à profit ce moment privilégié pour l'inciter à porter le fer sur le vrai sujet, la responsabilité des autorités américaines, et à demander au président Bush de garantir les titres adossés aux actifs immobiliers ainsi que de se concerter avec ses principaux partenaires afin d'éviter que l'incendie ne s'étende.

Je garde un très mauvais souvenir de cet entretien. Nicolas Sarkozy me lança dès l'abord qu'il ne comprenait pas pourquoi je voulais

---

1. Décerné pour la première fois en 1996, le prix de l'Audace créatrice récompense chaque année l'action d'entrepreneurs français ayant réussi à faire progresser simultanément les résultats, la rentabilité et les effectifs en France de leur entreprise. Il est traditionnellement remis par le président de la République à l'Élysée. Mais, à l'exception de l'année 2007, il fut remis par François Fillon à Matignon durant le quinquennat de Nicolas Sarkozy. François Hollande a fermé cette parenthèse en accueillant la cérémonie à l'Élysée le 20 septembre 2012.

acheter le quotidien économique *Les Échos*[1]. Impossible de parler de la situation de l'économie mondiale. Pas une question de sa part. C'était quatre mois après son élection. J'avais en face de moi un Nicolas Sarkozy triomphant, sûr de lui et péremptoire. Ce rendez-vous manqué, l'indifférence du président de la République face à l'expertise que j'offrais m'ont laissé un sentiment de frustration. Les confidences faites par certains de ses visiteurs auraient pourtant dû m'y préparer : au début de son mandat, Nicolas Sarkozy n'écoutait que lui-même.

Ce fut notre première et dernière entrevue en tête à tête. Le dialogue avec l'Élysée ne put être renoué qu'avec l'arrivée en 2009 de Xavier Musca, spécialiste internationalement reconnu des questions économiques et monétaires. Que de temps perdu ! Et quelle différence entre la compréhension et la gestion de la crise américaine et celles de la crise

---

1. Le groupe Pearson annonça en juin 2007 sa volonté de vendre *Les Échos*. Le groupe LVMH, qui était propriétaire du quotidien économique *La Tribune*, se déclara candidat à son rachat. Une contre-offre fut proposée en juillet 2007 par Fimalac à la demande des journalistes. LVMH racheta *Les Échos* en novembre 2007.

européenne : alors qu'il avait mal analysé la première, Nicolas Sarkozy a fait preuve de lucidité et d'énergie dans la gestion de la crise financière européenne comme dans celle de la relation franco-allemande.

François Fillon ne s'y est quant à lui pas trompé. Quel dommage qu'en ce début de quinquennat pétaradant, le Premier ministre n'ait pas réussi à se faire entendre de Nicolas Sarkozy ! En septembre 2007, François Fillon choisit donc de s'adresser aux médias pour tirer la sonnette d'alarme. Il affirma qu'il se trouvait « à la tête d'un État en faillite » et qu'une politique de rigueur devrait probablement être mise en œuvre.

Après avoir pris connaissance des déclarations de son chef de gouvernement, Nicolas Sarkozy, rouge de colère, lui passa un savon légendaire et lui assena qu'il ne comprenait rien à la situation. C'était pourtant François Fillon qui avait raison. Et les Français n'ont pas oublié qu'il avait, le premier, mis en lumière les conséquences de la crise financière.

Quelques jours après mon entretien avorté avec Nicolas Sarkozy, je rencontrai le Premier ministre. Celui-ci me fit part de ses inquiétudes : il craignait que l'économie réelle souffre, que les pays concernés voient leur endettement augmenter et que la rigueur soit malheureusement à l'ordre du jour. Je ne pus que le conforter dans son analyse. Je lui décrivis le scénario qui s'annonçait à la suite des erreurs d'appréciation de Henry Paulson et lui fis part de mes craintes. Nous évoquâmes les engagements pris par les établissements financiers européens : le Premier ministre souligna que les États du Vieux Continent devraient se mobiliser pour les sauver.

François Fillon avait raison de craindre le pire : il avait correctement anticipé la suite des événements. Il avait eu le courage de faire fi de la langue de bois et de dire la vérité.

Revenons à la lettre de Nicolas Sarkozy à Angela Merkel. Au terme de ce qui n'a probablement été qu'un simulacre d'analyse, les conseillers de l'Élysée trouvent les responsables de la crise. Ils désignent à la vindicte publique des symboles qui ont joué un rôle marginal dans cette affaire et n'ont rien à voir avec la politique de dopage de la croissance mise en œuvre par les autorités américaines : les paradis fiscaux, les *hedge funds*, les bonus. Rien sur les banques d'affaires qui ont inventé ces fameux produits « toxiques ». On reste pantois devant tant d'ignorance ou de partialité. Quand on sait que les principaux partenaires européens de la France – l'Allemagne, le Royaume-Uni et maintenant l'Autriche – transigent avec la Suisse en acceptant que les avoirs de leurs citoyens continuent à être dissimulés, on constate que les prises de position françaises peinent à être suivies d'effet. Quand on sait que ce que l'on appelle le *shadow banking*, c'est-à-dire le système financier parallèle dominé par les *hedge funds*, n'a jamais été aussi puissant qu'aujourd'hui[1], on peut se demander pourquoi il n'est toujours pas régulé si son rôle dans le déclenchement de la crise a été aussi important que l'affirme Nicolas Sarkozy. Quant aux bonus si décriés, si massivement impliqués dans l'explosion de la crise américaine selon l'Élysée, ils n'ont été que faiblement encadrés. Le pactole que se sont octroyé les patrons, notamment américains, n'a cessé de croître. Selon le *New York Times*, la rémunération totale des cent dirigeants les

---

1. Gary Cohn, le président de Goldman Sachs, a déclaré à Davos en février 2012 qu'« on assiste à une croissance exponentielle du "secteur non régulé" ».

mieux payés s'est élevée à 2,1 milliards de dollars en 2011, ce qui représente une augmentation de 20 % par rapport à 2010. Et si l'on en croit le magazine *A/R*, les dirigeants des vingt-cinq principaux *hedge funds* se sont partagé 14,4 milliards de dollars en 2011. Bien sûr, sur le plan moral, certains de ces organismes ou les montants de ces bonus étaient critiquables. Cela ne signifie pas qu'ils aient été à l'origine de la crise.

Dans sa lettre à Angela Merkel, le président de la République s'en est également pris aux techniques de financement de l'immobilier. Venant de Nicolas Sarkozy, ces jugements de valeur étonnent. En 2004, alors qu'il était ministre de l'Économie et des Finances, il chantait les louanges de la titrisation et des techniques de financement de l'immobilier utilisées aux États-Unis. Je peux en témoigner personnellement : à l'occasion d'un déjeuner dans mon bureau, il m'avait posé de nombreuses questions sur les innovations financières américaines qu'il souhaitait importer en France. Il commença à introduire de tels dispositifs avant de retourner au ministère de l'Intérieur : grâce au fameux « crédit hypothécaire rechargeable », qui est une sorte de crédit *revolving*, l'emprunteur peut solliciter un nouveau prêt d'un montant égal aux sommes déjà remboursées sur l'ancien. En septembre 2006, pendant la campagne pour l'élection présidentielle, le futur chef de l'État a continué à exalter l'exemple américain : il se promettait « de changer les règles prudentielles imposées aux banques », qu'il jugeait trop timorées, et d'acclimater en France les règles du marché immobilier américain en simplifiant le recours à l'hypothèque et en en réduisant le coût[1]. Les conseillers élyséens, dont certains étaient déjà en fonction auprès de Nicolas Sarkozy au ministère de l'Économie et des Finances, avaient déniché un autre coupable : les agences de notation, prises comme un tout. Il en existe cent cinquante à travers le monde. En quoi, mon Dieu, les agences japonaises ou chinoises seraient-elles coupables du déclenchement de la crise financière ?

La chasse au bouc émissaire est une pratique coutumière chez les gouvernants quand survient une crise dont ils se savent responsables.

---

1. Voir le discours prononcé par Nicolas Sarkozy le 14 septembre 2006 lors de la Convention de l'UMP pour la France d'après.

En 1929, ce sont les vendeurs à découvert qui ont porté le chapeau. En 1987, les programmes automatiques de vente et d'achat de titres mobiliers furent accusés de tous les maux. En 2007, Nicolas Sarkozy se livre à son tour à ce jeu. Il faut, au plus vite, prendre les agences de notation en otage. L'acte d'accusation est expédié : « Nous devons nous interroger sur le rôle exact que doivent jouer les agences de notation. » Même *Le Monde* s'interroge sur les motivations du président de la République. S'il constate le 18 août que Nicolas Sarkozy respecte la tradition des boucs émissaires (« Comme dans toute crise, il faut trouver des boucs émissaires »), il se demande toutefois pourquoi il s'en prend uniquement aux agences de notation : « Les agences ont leur part de responsabilité, mais ne sont pas plus coupables que les banques qui ont prêté n'importe quoi à n'importe qui. » La publication de la lettre de Nicolas Sarkozy à la chancelière allemande ainsi que les diverses déclarations du président de la République sonnent la curée. L'Agence France-Presse (AFP) l'officialise dans une dépêche : « Les agences de notation accusées de tous les maux de la crise financière. » La machine infernale de la désinformation est enclenchée.

Lors des jours qui suivirent, les agences de notation furent vouées aux gémonies politiques et médiatiques. Il fallait frapper le plus fort possible plutôt que frapper juste, attaquer plutôt que réfléchir. Tels les sorciers au Moyen Âge, nous étions haïs sans que personne ou presque sache pourquoi.

Qui connaissait alors vraiment notre rôle ? Qui savait que nous remplissions une fonction essentielle consistant à faciliter le transfert de l'épargne de l'investisseur à l'emprunteur, qu'il soit privé ou public ? Depuis l'ouverture des marchés de capitaux engagée au début du XXe siècle par les États-Unis, nous sommes devenus l'un des rouages essentiels de leur fonctionnement : nous donnons une opinion, transparente, indépendante, sur le risque que prend un créancier lorsqu'il accorde un prêt à un débiteur qu'il ne connaît pas.

Mal connu, notre rôle est aussi fréquemment déformé. Certains ont voulu, pour mieux nous critiquer, nous faire passer pour des oracles qui garantiraient ou labelliseraient la « qualité » d'un crédit consenti. Nous avons toujours indiqué que nos notes n'étaient qu'un outil parmi d'autres mis à la disposition des investisseurs pour leur permettre d'évaluer leur risque. Il était d'autant plus facile de nous accuser de tous les maux que la nature exacte de notre rôle demeurait largement ignorée. Or quand une crise éclate, il est nécessaire de désigner rapidement des boucs émissaires : ces comportements ont été parfaitement analysés par René Girard[1].

En 2007, ce sont les agences de notation qui jouèrent ce rôle. « Accusées de tous les maux de la crise financière », comme l'indique l'AFP début septembre 2007, les agences de notation étaient bonnes à jeter aux orties. Attirer l'attention sur nous, attiser l'ire générale à notre encontre, c'était évidemment une diversion géniale. Elle permettait de surcroît aux autorités américaines de détourner vers nous le cours des flèches qui les visaient. Et de plus, l'assaut venait d'Europe. C'était vraiment le rêve !

Désigner les agences de notation dans leur ensemble, comme si elles n'avaient ni autonomie ni personnalité propre, fut une grossière

---

1. René Girard, *Le Bouc émissaire*, Grasset, 1982.

erreur. On n'accuse pas tous les commissaires aux comptes quand Arthur Andersen participe au maquillage des comptes d'Enron. Peut-être l'objectif était-il de discréditer l'ensemble d'une profession gênante ? Songez donc ! Ces gens-là sont capables de crier : « Le roi est nu ! »

Ce n'est qu'en avril 2011, soit presque quatre ans après le début de la crise, que la commission bipartisane du Sénat créée afin d'identifier les causes de la crise a pointé du doigt ses principaux artisans. Publié en janvier de la même année, le rapport de la Financial Crisis Inquiry Commission a lui aussi mis en exergue les responsabilités de Washington. La politique gouvernementale en matière immobilière et la gestion des taux d'intérêt par la Fed ont été sévèrement critiquées. Mais comme l'écrit *Le Monde* le 23 août 2007, « c'est une particularité du krach des *subprimes* par rapport aux précédentes crises financières, il n'a été annoncé par personne ». La reine d'Angleterre elle-même s'est émue de cet aveuglement : « Pourquoi les économistes n'ont-ils pas prévu la crise ? » a-t-elle demandé le 5 novembre 2008 lors d'une visite à la London School of Economics.

Les faits sont têtus. L'inconscience des acteurs sur le terrain n'est pas à l'origine de la crise. Il faudra bien un jour accepter la réalité : ni le gouvernement des États-Unis, ni les parlementaires, ni la Fed n'avaient mesuré l'ampleur qu'elle prendrait. « Nous nous sommes laissé endormir dans une sorte de suffisance par les conséquences négatives relativement modestes du krach financier de 1987 et de l'explosion de la bulle Internet. » Lorsque la bulle des *subprimes* est apparue, « nous avons pensé que le déclin des prix de l'immobilier ne serait que graduel. Nous n'avons donc pas envisagé que les problèmes de dette puissent devenir déstabilisants », a écrit Alan Greenspan en mars 2010[1].

La vérité est que les prêts destinés au financement de l'immobilier résidentiel étaient auréolés d'une réputation flatteuse en raison du faible taux de perte enregistré en la matière depuis la Seconde Guerre mondiale. Depuis 1945, la valeur de l'immobilier résidentiel n'avait jamais baissé sur un an aux États-Unis. L'apport personnel de l'emprunteur était par

---

1. Alan Greenspan, « The Crisis », *Brookings Papers on Economic Activity*, printemps 2010.

ailleurs suffisamment élevé pour limiter le risque de le voir empêché de rembourser son crédit. Telle est la réalité. Ce qui s'est passé était inimaginable : on ne pouvait anticiper l'effondrement du marché immobilier américain. Or depuis le début de la crise, courant 2007, les prix de l'immobilier résidentiel ont baissé de 32 % et ont ainsi rejoint ceux de 2001. Du jamais vu depuis les années 1920 !

Fitch n'a pas été épargné par les critiques adressées aux agences de notation. Que leur a-t-on reproché ? Pour l'essentiel, de n'avoir rien vu venir. Cela vaut-il pour notre agence ? Fitch doit être jugé sur ses propres mérites. C'est essentiel, tant pour ce qui est de l'évaluation de sa performance lors de la crise que de la réflexion sur son action.

Fitch n'est pas une pythie. Les analyses sur lesquelles reposent les notes attribuées par l'agence s'appuient notamment sur les défauts enregistrés par le passé : lorsqu'il n'y a pas eu de défaut depuis soixante ans, on ne peut qu'en tenir compte. Fitch a pour vocation de proposer des opinions de crédit objectives et transparentes. Notre agence s'appuie pour ce faire sur une recherche indépendante et prospective qui est considérée par les acteurs de marché comme l'une des meilleures. Depuis la crise de 2007, le nombre d'abonnements payants à notre recherche souscrits par des investisseurs et des observateurs désireux de disposer de la meilleure information possible afin de décrypter la réalité économique et financière a été multiplié par deux. Ce segment d'activité représente aujourd'hui près de 20 % de notre chiffre d'affaires. En irait-il de la sorte si notre recherche et nos analyses laissaient à désirer, comme le prétendent nos détracteurs ? Fitch met par ailleurs à la disposition des internautes toute une série d'études gratuites, dont beaucoup ont trait à l'évolution de la valeur de l'immobilier américain.

Toutes les agences de notation ne se ressemblent pas. Fitch n'a jamais hésité à publier des opinions de crédit sévères en ayant pleinement conscience des conséquences potentiellement négatives d'une telle rigueur en termes de parts de marché et de retombées commerciales. Il s'agit là de ce que les investisseurs sont en droit d'attendre de nous.

Fitch avait, dès le début de l'année 2005, relevé que le secteur du prêt immobilier s'ouvrait à des emprunteurs dont la solvabilité était discutable. Socialement, c'était bien ; pour la conscience de la population américaine, c'était utile ; pour le surplus de croissance recherché par le gouvernement, c'était indispensable ; mais pour les banques opérant dans le secteur du prêt hypothécaire et les investisseurs, c'était de plus en plus risqué. Conscients que trop de crédits à risque commençaient à être distribués, nous fûmes soucieux de préserver notre réputation. Dès 2005, Fitch s'est ainsi publiquement inquiété de dangers tels que l'application de critères insuffisamment rigoureux d'acceptation des dossiers de crédit ou le risque de taux sur les crédits hypothécaires à taux révisable comportant une option permettant à l'emprunteur de choisir, en lieu et place d'un remboursement classique, soit d'effectuer des paiements fixes *minima*, soit de ne régler que les intérêts[1]. La recherche de Fitch a continué à faire état des risques et des évolutions du secteur immobilier tout au long des années 2006 et 2007. Dans une étude de 2006 consacrée aux perspectives du marché mondial des financements structurés,

---

1. Voir les études de Fitch intitulées « US Subprime RMBS in CDO », publiée le 15 avril 2005, et « Operational Risks Inherent in New RMBS Products », publiée le 7 septembre 2005.

Fitch a ainsi prédit un ralentissement des performances des titres adossés aux *subprimes* provoqué par la hausse des taux d'intérêt et la progression moins rapide du prix de l'immobilier. Nos équipes d'analystes ont même refusé de noter certains produits, dont le *constant proportion debt obligation* (CPDO), en raison de leur complexité. À mesure que les premières alertes tombaient et que l'appréhension grandissait, nous nous sommes progressivement éloignés des titres *subprime*. Cette prudence, dont nous tirons aujourd'hui un bénéfice moral évident, a naturellement eu des conséquences sur notre activité commerciale et nos parts de marché. Selon Inside Mortgage Finance, qui fait autorité en la matière, notre part de marché des prêts hypothécaires résidentiels (*residential mortgage-backed security* ou RMBS) a chuté de 85 % en 2000 à 40 % en 2006. Pendant cette même période, les parts de marché de Standard & Poor's progressaient de 80 à 90 %. Celles de Moody's passaient d'à peine 40 à 90 %[1].

La confiance que nous accordions aux autorités américaines exerçait par ailleurs une

---

1. Le total des parts de marché est supérieur à 100 % parce que les émissions sont généralement notées par plusieurs agences.

influence sur notre notation. Les agences ont continué à noter AAA les emprunts astronomiques de Fannie Mae et Freddie Mac qui portaient, comme je l'ai dit, sur plus de 50 % des crédits *subprime* et qui finançaient à la veille de la crise environ 5 000 milliards de dollars de crédits immobiliers résidentiels, soit environ 40 % du total. La garantie implicite du gouvernement américain a sans aucun doute contribué à endormir notre méfiance. Nous ne doutions pas que l'État fédéral prendrait les mesures nécessaires afin de cautionner les crédits titrisés auprès des investisseurs finaux par Fannie Mae et Freddie Mac. Dès lors qu'un émetteur bénéficie de la garantie implicite d'un gouvernement, nous considérons qu'on peut attribuer à cet émetteur la même note que celle de l'État concerné. Dans l'Hexagone, la SNCF, la RATP et bien d'autres établissements publics comme la Caisse des dépôts et consignations reçoivent la même note que leur mandant, l'État français, soit AAA – en raison justement du soutien annoncé de l'État en cas de besoin. Précisons que, réciproquement, l'abaissement de la note de la France entraîne presque mécaniquement la dégradation de celles des entreprises publiques nationales.

Essayons de comprendre le raisonnement qui a amené Henry Paulson à ne pas accorder la garantie explicite de l'État américain aux engagements de Fannie Mae et de Freddie Mac. Ne nous attardons pas sur l'hypothèse d'une analyse défectueuse, bien qu'elle ne soit pas la moins plausible – ce qu'a démontré l'affaire Lehman Brothers. Il est possible que le secrétaire au Trésor ait craint que l'attribution d'une garantie « explicite » ne provoque une augmentation de la dette américaine, que le gouvernement fédéral ne souhaitait pas externaliser de peur de perdre sa note AAA. Mais Henry Paulson a peut-être aussi fait preuve d'un optimisme excessif. Après tout, il était coutumier du fait.

Les agences de notation ont par ailleurs été trompées. Pas plus que les autres intervenants, nous n'avons réalisé l'importance des fraudes dans la constitution des dossiers par les courtiers. Soit ces dossiers étaient incomplets, soit – ce qui est beaucoup plus grave – ils contenaient de fausses informations sur les revenus des emprunteurs, leur situation familiale, voire leur domicile. Or notre rôle n'est pas d'auditer les comptes, mais de les analyser une fois certifiés.

On peut regretter que le Congrès des États-Unis ait attendu 2008-2009 pour enquêter sur ces fraudes. Ce sont les travaux de la Financial Crisis Inquiry Commission qui lui ont permis de découvrir, en 2010, que la stratégie des administrations Clinton puis Bush consistant à soutenir la croissance américaine en favorisant l'accès des plus démunis à la propriété immobilière reposait pour partie sur les mensonges des candidats à l'emprunt. Il a de même fallu attendre décembre 2010 pour que la FCIC révèle les pratiques frauduleuses d'un grand nombre de courtiers, d'organismes chargés d'évaluer la valeur des biens immobiliers ainsi que de prêteurs hypothécaires. En avril 2010, Alan Greenspan a souligné devant le Sénat que les fraudes devaient être considérées comme un des éléments « précurseurs » de la bulle immobilière. Ajoutons que certaines banques ont été soupçonnées par le procureur général de l'État de New York Andrew Cuomo, en mai 2010 notamment, d'avoir pu bénéficier de notes non méritées pour leurs produits grâce à des informations fallacieuses.

Près de cinq ans après le début de la crise, on peut dire que nous n'avons pas suffisamment

pris conscience des faiblesses liées aux moda-
lités d'octroi des crédits aux populations les
plus défavorisées ainsi que des fraudes prévisibles. Nous avons globalement accordé des
notations trop élevées à de nombreux titres
structurés par les banques (essentiellement ceux
relatifs aux biens immobiliers ainsi que les titres
adossés à ces actifs), ce qui a conduit certains
investisseurs à sous-estimer les risques implicites. Il faut reconnaître à notre décharge que
nul n'anticipait une décrue aussi rapide de la
valeur de l'immobilier. La garantie implicite
du gouvernement américain dont bénéficiaient
Fannie Mae et Freddie Mac a contribué à nous
donner un sentiment de confiance : jamais nous
n'aurions imaginé que la garantie explicite ne
serait accordée que onze mois plus tard ! Nous
aurions par ailleurs dû nous retirer plus rapidement encore de la notation des titres adossés à
l'immobilier américain.

Je déplore en revanche que l'on continue
de critiquer globalement les agences de notation en prétendant que nous avons distribué
de bonnes notes parce que nos clients nous
payaient. J'aimerais que ceux qui veulent
dénoncer des conflits d'intérêts étayent leurs

déclarations par des exemples précis concernant telle ou telle agence au lieu de les attaquer de façon globale et floue. Quand un train déraille, on cite le nom de la société impliquée. Les agences vivraient-elles dans un monde à part ? Quand l'une ou l'autre est suspectée d'avoir commis des erreurs ou des négligences, on jette le discrédit sur toute la profession. Pourquoi ?

Chez Fitch, le conflit d'intérêts potentiel inhérent au modèle de l'émetteur-payeur[1] a été, et est, géré avec efficacité au moyen d'un arsenal de politiques, de procédures et de structures organisationnelles visant à renforcer l'objectivité, l'intégrité et l'indépendance de la notation. Une « muraille de Chine » a été édifiée entre l'activité commerciale et l'activité d'analyse du crédit. Les collaborateurs de l'agence engagés dans une négociation commerciale avec un émetteur désireux d'obtenir une notation ne communiquent pas avec les analystes. Ces derniers ne sont pas directement rémunérés sur le chiffre d'affaires généré par leurs notations. Les analystes ont par ailleurs

---

1. Dans le modèle de l'émetteur-payeur, les agences de notation facturent leurs services aux émetteurs de titres de dette.

interdiction de conseiller les émetteurs ou les établissements financiers qui garantissent la bonne fin des émissions[1] sur le montage des opérations. Les notes sont définies de façon collégiale par un comité, et non par un seul analyste : l'analyste qui a été chargé de réunir des informations sur un émetteur présente ses conclusions à un comité de notation comprenant obligatoirement un membre indépendant ; cette présentation donne lieu à un débat suivi d'un vote aboutissant à l'attribution d'une note. Enfin, les critères de notation sont examinés par des comités transversaux et une cellule indépendante interne.

J'ajouterai qu'aucun modèle de rémunération ne peut être totalement exempt de conflit d'intérêts, qu'il émane des investisseurs, des émetteurs, des États ou des autorités de régulation. Le modèle de l'investisseur-payeur[2] que certains commentateurs aimeraient mettre en

---

1. La garantie de bonne fin est une clause visant à protéger un émetteur de titres en cas d'échec d'une opération de placement.

2. Dans le modèle de l'investisseur-payeur, les individus ou les organisations souhaitant obtenir la notation d'un investissement rémunèrent une agence de notation. Ce modèle a prévalu jusque dans les années 1970.

place recèle potentiellement des conflits directs, cela pour deux raisons. Pour la plupart des investisseurs, le niveau de la note détermine la valeur de leur investissement. Bon nombre d'entre eux font par ailleurs l'objet d'une notation. Adopter ce seul modèle reviendrait à faire des notations des produits vendus par abonnement, qui ne seraient plus disponibles sur le marché. Ce serait contraire à la volonté des investisseurs et des autorités de voir les notations mises largement à la disposition du marché, qui peut ainsi évaluer librement leur qualité.

On entend par ailleurs beaucoup moins parler de conflits d'intérêts depuis que les agences ont dégradé la note de certains États européens.

On a également stigmatisé la dépendance des investisseurs aux agences de notation. Là encore, notre rôle a été volontairement mal interprété. Au lieu de conduire eux-mêmes leurs propres analyses, certains investisseurs se sont sans doute un peu trop reposés sur nos notations ou ont du moins produit cette impression. Pourquoi feint-on d'ignorer que nous n'édictons pas les règles que doivent suivre les gestionnaires ?

Fitch a toujours défendu l'idée que les notations ne doivent être qu'un élément de l'ensemble du processus décisionnel des investisseurs. Ces derniers doivent mener leur propre évaluation de l'ensemble des risques liés à un investissement – pas uniquement du risque crédit. Nos notations et nos études contribuent à la prise de décision, mais elles ne doivent être considérées que comme l'un des nombreux outils à la disposition des investisseurs. Prétendre que les notations sont à elles seules responsables des pertes encourues revient à déformer la réalité des faits.

Nous n'étions toutefois pas au bout de nos peines : la zone euro entra à son tour dans la tourmente. Les agences de notation furent une nouvelle fois mises au pilori, comme si elles étaient responsables des interrogations des investisseurs sur les conséquences du non-respect par les plus grands États de la zone euro des critères adoptés au moment de la création de la monnaie unique européenne. Ces États étaient loin d'imaginer l'incendie qu'ils allaient provoquer quelques années plus tard. Nous étions tout aussi loin d'imaginer que nous allions une fois encore nous trouver sous les feux de la rampe. Quand la crise américaine a éclaté, on nous a reproché de n'avoir rien vu venir. Dans le cas de la zone euro, on nous a accusés d'avoir provoqué la crise en alertant les investisseurs. Haro sur les agences de notation !

Chapitre 4

L'Europe prise au piège de la dette

L'histoire récente de l'Europe rappelle la légèreté de la cigale chère à La Fontaine : après avoir chanté des années durant, voici venu le temps pour les Européens de rembourser leurs monceaux de dettes. Amorcée par une nouvelle dégradation de la note de la Grèce annoncée par Fitch le 22 octobre 2009, la crise de la dette a plongé la zone euro dans une tourmente aussi violente que celle qui s'était emparée des États-Unis quelques années auparavant. Les investisseurs ont pris la mesure des disparités existant entre les différents pays de la zone euro, tant sur le plan financier qu'économique. Ainsi que de la faiblesse d'une gouvernance dont les chantres du traité de Maastricht étaient pourtant si fiers.

Les Pères fondateurs du traité de Maastricht croyaient que le respect des fameux « critères de convergence » apporterait croissance et stabilité à l'Europe. La dégradation de la note de la Grèce a malheureusement donné raison à tous ceux qui redoutaient les conséquences de la création d'une monnaie unique en l'absence d'une harmonisation préalable des politiques économiques. Les États ayant promis de respecter les critères posés par le traité de Maastricht (qui exigeaient notamment de limiter le déficit public à 3 % du PIB et de veiller à ce que la dette publique n'excède pas 60 % du PIB), la Banque centrale européenne (BCE) devait se contenter de veiller à la stabilité monétaire. Comme tous les pays allaient devenir de bons élèves, il fallait vraiment être grincheux pour oser contester des principes érigés en dogmes. Pas de possibilité de sortir de l'euro ni de solution prévue en cas de défaut de paiement d'un État puisque cette hypothèse n'était pas même envisageable ! On ne nous donnait par ailleurs aucune explication sur les conséquences économiques de la création de la monnaie unique européenne au cas où des divergences de compétitivité naîtraient entre les États membres. Autoriserait-elle la résorption du chômage ? Comment l'harmonisation des politiques économiques et budgétaires serait-elle mise en œuvre ? Que ferions-nous si le pacte de stabilité n'était pas appliqué ? Aucune réponse n'était apportée. Il fallait voter oui, un point c'est tout !

Au sujet de l'euro, Philippe Séguin, comme l'a dit Henri Guaino, « a tout anticipé, tout prévu[1] » : « Dès lors que, dans un territoire donné, il n'existe qu'une seule monnaie, les écarts de niveau de vie entre les régions qui le composent deviennent vite insupportables. Et en cas de crise économique, c'est le chômage qui s'impose comme seule variable d'ajustement[2]. » Ses prévisions se sont hélas vérifiées.

Quel dommage que Philippe Séguin ne soit plus là ! Il aurait pu constater qu'il avait eu raison « de poser la vraie question, celle de la gouvernance de la zone euro », ainsi que l'a souligné Hubert Védrine. Il n'était pas hostile à l'Europe. S'il était opposé à la monnaie unique européenne, c'était parce qu'il considérait qu'on mettait la charrue avant les bœufs. Comme Milton Friedman, qui soutenait que les conditions nécessaires au succès de la monnaie

1. *Les Échos*, 6 janvier 2011.

2. Extrait du discours prononcé par Philippe Séguin devant l'Assemblée nationale le 5 mai 1992.

unique européenne n'étaient pas réunies[1], il estimait qu'il fallait d'abord harmoniser les politiques économiques, financières et budgétaires des États de la future zone euro : la monnaie unique ne devait être que la cerise sur le gâteau. C'est ce vice de construction que l'on paie aujourd'hui. Philippe Séguin n'avait pas une grande confiance en les États et redoutait que les garde-fous ne fussent pas respectés. On lui a objecté que le carcan du traité de Maastricht permettrait d'assurer le développement économique équilibré de chaque pays et que l'Union européenne fonctionnerait de façon harmonieuse. Or cette absence de gouvernance a permis à certains gouvernements de la zone euro de dépenser sans compter en recourant à l'emprunt. L'existence de la monnaie unique européenne a autorisé ces États à s'endetter massivement à des taux historiquement bas sans consentir aux efforts d'adaptation de leurs structures administratives, industrielles et sociales que l'ouverture des économies avait pourtant rendus indispensables.

---

1. Voir sur ce point : Milton Friedman, entretien avec Robert Lozada, « Un entêtement suicidaire », *La Nouvelle Revue géopolitique*, n° 53, printemps 1996, p. 58-66.

Les faits sont trop connus pour qu'il soit nécessaire de les rappeler. Contentons-nous de souligner que les principaux États européens ont redoublé de créativité pour trouver des raisons de se soustraire aux règles qu'ils avaient juré de respecter. Probablement se sont-ils inspirés de Tristan Bernard, qui avait coutume de dire : « J'ai une excellente mémoire : j'oublie tout. » Ils ont effectivement oublié les engagements qu'ils avaient pris. Ils ont aussi oublié de veiller à ce qu'il n'y ait pas trop de divergences structurelles de compétitivité entre eux, mais aussi vis-à-vis de l'extérieur. Mais après avoir chanté des années durant, la cigale européenne a dû faire face à la réalité. Selon Eurostat, la dette publique de la zone euro a atteint 87,2 % du PIB en 2011. Seuls cinq pays de la zone euro présentent une dette publique inférieure à 60 % du PIB.

Face à cette situation, Valéry Giscard d'Estaing ne mâche pas ses mots : « Il n'y a pas de crise de l'euro ! La monnaie unique se porte très bien, trop bien même pour certains. Ce que l'on n'a pas prévu, en revanche, ce sont les règles du jeu lorsqu'une grande collectivité territoriale, comme la Grèce, fait faillite. Certains pays ont mené une gestion dévergondée de leurs finances publiques et devraient normalement être déclarés en faillite », a-t-il affirmé le 26 mai 2011 aux *Échos*.

Le vrai problème de la zone euro, c'est que l'union monétaire a été bâtie dans un espace économique non homogène. Deux modèles de croissance coexistent sur le continent européen. Les pays du nord de l'Europe ont privilégié la réforme de leur tissu industriel, ce qui leur a permis d'asseoir leur croissance économique sur les exportations. C'est notamment le cas de l'Allemagne, dont la balance commerciale présente, année après année, un excédent d'environ 145 milliards d'euros. Les pays du sud de l'Europe ont choisi de faire reposer leur croissance sur une consommation largement financée par l'État, ce qui s'est traduit par le creusement des déficits des collectivités publiques comme des organismes sociaux et par un alourdissement de la dette publique. La cigale française s'est ainsi abritée sous le parapluie de l'euro pour vivre agréablement, sans contrainte et en travaillant le moins possible. Durée du travail hebdomadaire ramenée à 35 heures, allongement des congés annuels à cinq semaines, retraite à 60 ans : ces avancées sociales sont évidemment coûteuses. Ne nous étonnons donc pas que l'écart séparant nos coûts salariaux de ceux de nos voisins ne cesse de croître. Selon Eurostat, qui dépend de la Commission européenne, le coût horaire de la main-d'œuvre s'élevait en 2011 à 27,60 euros dans la zone euro ; il était de 34,20 euros en France, contre 30,10 euros en Allemagne et 20,10 euros au Royaume-Uni.

Ne faisons pas non plus les étonnés lorsque nous constatons que l'économie française n'a pas profité de la mondialisation. La combinaison de la diminution de la durée du travail et de la hausse des coûts unitaires de production dans les années 2000 a entraîné une dégradation de la balance commerciale : alors qu'elle présentait en 1997 un excédent légèrement inférieur à 3 % du PIB, son déficit a atteint 3,5 % du PIB en 2011. Le poids de la France dans le commerce mondial n'a fait que décliner depuis la création de la monnaie unique. La part de marché de la France dans les échanges internationaux est passée de 6,5 % à 3,5 % entre 1999 et 2012. Sa part de marché dans les exportations mondiales a chuté de près de 20 % entre 2005 et 2010. Plus grave : à l'intérieur même de la zone euro, nos parts de marché à l'exportation ont baissé de 5 % environ depuis l'adoption de la monnaie unique, ce qui représente une perte annuelle de 100 milliards d'euros.

Quand Angela Merkel rappelle que certains pays de la zone euro souffrent de graves problèmes structurels, dont « un endettement catastrophique » et un « manque de compétitivité », pense-t-elle à la France ? Ce qui est indiscutable, c'est que nous avons laissé notre compétitivité se dégrader.

L'exemple de Facom, une entreprise spécialisée dans l'outillage à main rachetée par Fimalac en 1999, illustre bien le processus qui a précipité notre pays dans un déclin industriel dû pour l'essentiel à l'incohérence des décisions politiques. La mise en place des 35 heures, de la réduction du temps de travail et de la loi dite de modernisation sociale a provoqué une augmentation considérable du prix de revient industriel[1] des produits Facom, qui a par conséquent érodé leur compétitivité sur le marché international. En base 100 au moment de l'entrée de Lionel Jospin à Matignon, et à

---

1. Le prix de revient industriel est le coût de fabrication d'un produit à l'intérieur de l'usine.

parité monétaire égale, les prix de revient industriels s'élevaient à 120 dans la principale usine française de Facom au moment de son remplacement par Jean-Pierre Raffarin. Pendant ce temps, le prix de revient du même produit pour la filiale américaine de Facom était passé de 100 à 80 grâce à des gains de productivité. Pour le dire plus concrètement, un tournevis qui revenait au même prix des deux côtés de l'Atlantique à l'arrivée de Lionel Jospin avait à son départ un coût de production de 120 en France et de 80 aux États-Unis ! Les grands concurrents américains de Facom avaient non seulement poursuivi leurs efforts de productivité mais bénéficiaient de surcroît des avantages des délocalisations industrielles qu'ils avaient réalisées en Asie depuis de nombreuses années. L'américain Stanley pouvait ainsi proposer en France des prix de vente inférieurs de 41 % en moyenne à ceux de Facom. Comment cette entreprise pouvait-elle s'en sortir dans de telles conditions, d'autant qu'elle produisait pour l'essentiel en France et que le prix de revient de l'outil sorti d'usine représentait environ 40 % de son prix de vente, ce qui est très élevé ?

L'entrée en novembre 2001 de la Chine à l'Organisation mondiale du commerce se traduisit par la réduction des droits de douane et des quotas pesant sur ses exportations en direction de la France. La ruée des entreprises françaises sur les produits chinois provoqua la plongée des ventes de Facom. Chez Casino, par exemple, nous avons atteint le point de non-retour avec la mise sous blister des outils Facom : ils étaient aussi soigneusement protégés d'une tentative de vol que des lafite-rothschild ou des château-margaux ! Tous les grands groupes industriels ont fini par rayer Facom de la liste de leurs fournisseurs. La chute de l'activité de l'entreprise a évidemment eu des conséquences sur ses résultats : Facom a dû annoncer des pertes très importantes en 2003. Les études conduites par des cabinets extérieurs à l'entreprise ont montré qu'en raison de la concentration de sa production et de ses parts de marché en France, Facom ne pouvait plus rivaliser avec ses concurrents. Les produits de ses rivaux américains étaient devenus nettement moins chers que les siens. Et ne parlons pas des importations asiatiques ! La pérennité de l'entreprise ne pouvait être assurée que si Facom s'adossait à un leader international de ce secteur capable de repositionner sa production dans le haut de gamme des outils à main. Son rachat le 1er janvier 2006 a malheureusement eu pour conséquences la fermeture de ses principales usines en France et le transfert d'une grande partie de sa production à Taïwan et en Tchécoslovaquie. C'est ainsi que la France se désindustrialise.

L'histoire de Facom n'est hélas que trop banale. Beaucoup d'entreprises industrielles de taille intermédiaire dont la production et les ventes sont concentrées en France ne peuvent plus faire face à la concurrence étrangère. Le prix de revient de leurs produits étant trop élevé, elles finissent par réduire leurs activités ou par mettre la clé sous la porte – ou bien par être vendues. Ne nous étonnons pas, dans ces conditions, que la part de la France dans le commerce intra-européen ne cesse de se dégrader et que notre balance commerciale soit devenue désespérément déficitaire. Ne soyons pas surpris que *Le Monde* ait pu titré, le 9 juin dernier, « Comment la France s'efface peu à peu des écrans radar du commerce mondial ».

Sommes-nous prêts à renforcer notre compétitivité ? En 2007-2008, Nicolas Sarkozy avait accepté que l'État accorde des prêts aux constructeurs automobiles à la condition que l'emploi soit préservé et que les usines soient sauvegardées. Au même moment, le président Obama ne consentait à aider les constructeurs automobiles qu'à la condition que des licenciements massifs soient effectués et que les usines non compétitives soient fermées. Résultat ? Cinq ans après, General Motors vient au secours de Peugeot en prenant 7 % du capital de l'entreprise et l'emploi industriel progresse aux États-Unis, notamment dans le secteur... automobile. La réindustrialisation est en marche aux États-Unis tandis qu'en France, nous nous interrogeons sur les moyens de la réaliser.

La réindustrialisation de la France constitue l'un des principaux défis du quinquennat de François Hollande. S'il veut le relever, le ministre du Redressement productif devra agir en faveur de la compétitivité des entreprises. Selon Rexecode, les Français travaillent six semaines de moins que les Allemands. La rigidité de notre marché du travail est l'une des plus importantes du monde : dans l'édition 2011-2012 du classement établi par le World Economic Forum, la France pointe au 128e rang sur 142. Il faudra donc préparer les esprits à l'introduction d'un peu plus de flexibilité dans notre droit du travail. Mais la remise en cause de la rigidité du marché du travail ne suffira pas à assurer le « redressement productif » du pays. La France est pratiquement le seul pays de l'OCDE à avoir subi une diminution des dépenses de recherche en pourcentage du PIB depuis près de vingt ans. Il est donc essentiel d'inverser cette tendance et d'orienter nos efforts vers des innovations technologiques susceptibles de nous permettre de développer des productions à forte valeur ajoutée et de trouver ainsi notre place dans une économie mondialisée. Il faut aussi que nous ayons confiance en nous et que nous cessions de voir la mondialisation comme une menace. Mais comment procéder à cette réindustrialisation sans restaurer l'esprit d'entreprise, sans faire émerger une nouvelle génération de chefs d'entreprise, sans privilégier l'« audace créatrice » qui nous fait si cruellement défaut ? Il est indispensable de réorienter notre système éducatif vers l'excellence industrielle.

Pour ce qui est de la construction européenne, il est triste de noter qu'au discours de

Jean-Claude Trichet sur le « formidable destin commun » promis voilà dix ans à la zone euro a succédé celui tenu en mars 2010 par le commissaire européen chargé des Affaires économiques et monétaires : « Nous avons maintenant le pistolet sur la table » pour faire « avancer la stabilité de la zone euro dans son ensemble », a déclaré Olli Rehn.

Notre continent doit faire face à un cocktail explosif composé de quatre ingrédients qui brident la croissance économique : un endettement public massif qui exacerbe les craintes des investisseurs extérieurs à la zone euro, dont nous dépendons à hauteur de 2 000 milliards d'euros par an ; une gouvernance qui n'a pas fonctionné, les grands États ne se sentant pas liés par les « critères » qu'ils imposent aux petits pays candidats à l'entrée dans l'Union européenne ; l'atonie de la Commission de Bruxelles, qui n'a pas su ou pas pu faire respecter ces fameux critères ; l'existence d'écarts de développement entre les pays qui ont privilégié l'innovation et la compétitivité et ceux qui ont profité du parapluie de l'euro pour s'abandonner à des politiques laxistes. Il doit aussi faire face à l'impact exercé par la crise américaine de 2007 sur les finances publiques des principaux pays européens. La crise née de l'explosion de la bulle immobilière américaine n'est certes pas l'unique cause du gonflement de la dette souveraine des pays européens. Mais contrairement à ce que pensait Nicolas Sarkozy en août 2007, elle s'est propagée au continent européen et a contribué de la sorte à éroder les recettes fiscales des États. Ce que nul n'ose avouer, ou du moins rappeler, c'est que l'Europe s'est offert le luxe de financer 40 % de la bulle immobilière américaine alors qu'elle était déjà très endettée. Alléchés par des rendements supérieurs à ceux que leur offrait le financement de l'économie réelle, les établissements financiers européens ont dû supporter des dépréciations sur les titres immobiliers américains supérieures à celles auxquelles ils ont dû consentir sur les titres de dette grecque. Les effets de la crise sur les recettes publiques ainsi que les aides débloquées par les États ont considérablement augmenté l'endettement public sans pour autant éviter la dégradation de la situation économique des pays de la zone euro. Selon les prévisions publiées par Fitch, la croissance économique mondiale devrait ralentir en 2012. Cette tendance devrait être particulièrement marquée dans la zone euro.

Le temps presse : la vieille Europe ne peut plus laisser les nuages s'accumuler à l'horizon. Regardons la vérité en face. Alors que toutes les régions du monde retrouvent le chemin de la croissance, la zone euro reste à la traîne. En dépit des plans d'aide successivement mis en œuvre, les écarts continuent de se creuser entre le nord et le sud de l'union monétaire : le taux de croissance du PIB devrait être de 0,7 % en Allemagne en 2012, contre 0,4 % en France, -1 % en Espagne et -1,6 % en Italie.

Voilà cinq ans que les pays de la zone euro sont en quête du Graal européen : comment gérer la crise de la dette tout en renouant avec la croissance ? Cinq années de réunions incessantes et d'interminables querelles ont donné l'impression d'une grande indécision. Puisque la Grèce ne représente que 2 % du PIB de la zone euro, la gestion de sa dette publique n'aurait pas dû poser de problèmes insurmontables. Et elle n'aurait certainement pas dû conduire à mettre en doute la pérennité de la monnaie unique. Les dirigeants européens ont produit le sentiment qu'ils jouaient la montre dans l'espoir que les petits pays en difficulté retrouveraient le chemin de la croissance et rétabliraient leur solvabilité. En se donnant du temps, ils ont pris le risque de précipiter les grands pays européens dans la crise financière – surtout l'Espagne, mais aussi l'Italie. À chaque étape, ils essaient de se rassurer et de nous rassurer. *La Tribune* du 10 mars 2012 ne titrait-elle pas : « L'Europe, euphorique après l'accord grec, veut croire à la fin de la crise » ? Herman Van Rompuy estimait alors que « le tournant dans la crise [avait été] atteint » : « Nous allons vers une mer plus calme », affirmait-il. Nicolas Sarkozy jurait quant à lui que « la page de la crise financière [était] en train de se tourner ». On connaît la suite : à peine deux mois plus tard, la question du maintien de la Grèce dans la zone euro était à nouveau posée. Que faut-il donc faire ?

Il est évident qu'il faut poursuivre la réduction de nos déficits publics. Nul ne peut plus croire au mythe selon lequel le recours à l'endettement permettrait de financer indéfiniment l'État-providence. S'ils veulent conserver la confiance des investisseurs, les gouvernements doivent résorber les déficits publics et revenir à des situations plus saines. Les pays européens doivent également s'attaquer aux monceaux de dettes qu'ils ont accumulés. Les investisseurs européens jugent que les décisions prises en la matière ne sont pas de nature à les rassurer : trop d'incertitudes demeurent sur une éventuelle mutualisation des dispositifs de gestion des dettes souveraines, sur le sauvetage des banques les plus fragiles, sur le rôle et les moyens de la BCE, sur la gouvernance de la zone euro et les mesures destinées à améliorer sa supervision, enfin sur les conditions d'engagement du FMI auprès des pays européens en difficulté. Les banques européennes financées par la BCE doivent prendre le relais des investisseurs extérieurs à la zone euro, qui doutent de l'efficacité des politiques mises en œuvre et se retirent progressivement. « Depuis mai 2010, il n'y a jamais eu de plan d'ensemble pour résoudre la crise de la zone euro, qui manque de *leadership* », a déclaré le président du fonds souverain chinois, Jin Liqun, qui gère plus de 400 milliards de dollars et a décidé de se désengager d'Europe. Mais là encore, la situation des pays membres de l'union monétaire européenne n'est pas homogène. Parce que les investisseurs privilégient la sécurité au rendement, ils acceptent de souscrire à des emprunts

d'État à deux ans n'offrant aucune rémunération. Une première dans l'histoire obligataire
européenne ! Inversement, le manque de visi-
bilité qu'ont les investisseurs internationaux
sur les politiques menées par certains dirigeants européens les conduit à réduire leurs
engagements dans les pays à risque. Après
avoir été observée en Irlande, au Portugal et,
bien sûr, en Grèce, cette tendance gagne à présent l'Espagne et l'Italie. Ce processus s'est
accéléré au cours des derniers mois.

Si nous voulons que les investisseurs retrouvent de l'appétit pour nos titres de dette, il nous
faut renouer avec la croissance économique et
faire ainsi décroître le ratio dette publique/PIB.
Les efforts budgétaires ont des limites : l'austérité n'est pas une politique. Seul le retour
de la croissance permettra d'arracher la zone
euro aux périls qui la menacent. Le chemin
sera long et semé d'embûches, car l'atonie de
la croissance économique est certes due aux
conséquences de la crise américaine et à
l'assainissement de nos finances publiques,
mais aussi au déficit commercial endémique
des principaux pays membres de l'union
monétaire européenne − l'Allemagne étant

l'exception. Comment rétablir la compétitivité des entreprises du sud de l'Europe par rapport à celles du nord en l'absence de flexibilité des changes entre ces deux zones ? Ce problème va devenir crucial lors des années à venir : on peut se demander comment les États du Sud parviendront à limiter leurs dettes sur des balances commerciales structurellement déficitaires. Comment stimuler la productivité ? Comment une zone économique aussi peu homogène peut-elle survivre avec des pays structurellement en expansion, comme l'Allemagne, et une Europe du Sud au bord de la récession ? Comment harmoniser les politiques économiques et fiscales des différents pays de la zone euro ? Il faudra bien que nos gouvernements trouvent des solutions. Mais tant que la croissance ne sera pas revenue, la crise de la zone euro ne semble hélas pouvoir être traitée qu'au coup par coup, rustine après rustine.

Tous les dirigeants européens affirment vouloir favoriser le retour de la croissance. Lors du sommet du G8 de Deauville et du sommet du G20 de Cannes, les chefs d'État et de gouvernement des principales puissances mondiales se sont engagés à mener des politiques économiques destinées à produire une croissance forte et durable. En avril 2012, la BCE s'est prononcée en faveur d'un « pacte de croissance » européen. Angela Merkel elle-même a indiqué en mai 2012 que « la réduction de la dette et la stimulation de la croissance et de l'emploi sont les deux piliers de la stratégie ». Quant à François Hollande, il a fait du redémarrage de la croissance européenne sa priorité. Il reste aux dirigeants européens à se mettre d'accord sur les ingrédients susceptibles de produire des résultats concrets dignes des discours prononcés. Chacun a une idée des ingrédients à mélanger pour concocter le cock-tail magique qui permettrait à la zone euro de retrouver le chemin de la croissance. François Hollande a proposé de recourir à des eurobonds, c'est-à-dire à des obligations permettant de mutualiser la dette publique des pays de la zone euro. « Une croissance par des réformes structurelles, cela a du sens, c'est important, c'est nécessaire », lui a répondu Angela Merkel ; mais « une croissance à crédit [nous ramènerait] au début de la crise ». La chancelière allemande a répété que cela n'avait « aucun sens de tout ramener aux euro-obligations » pour lutter contre la crise dans la zone euro. Et son ministre

de l'Économie, Philipp Rösler, a renchéri :
« L'introduction d'euro-obligations ne stabiliserait pas la zone euro et elle favoriserait les
pays menant de mauvaises politiques budgétaires. » Il est vrai que les pays qui doivent faire
face à des crises de solvabilité ne peuvent pas
uniquement compter sur des prêts supplémentaires pour s'en sortir.

Comme Jean-Claude Trichet en son temps,
le président de la BCE, Mario Draghi, estime
que le seul moyen de rassurer les investisseurs
sur la pérennité de l'euro serait de procéder à
l'intégration des politiques économiques des
États ayant adopté la monnaie unique européenne. C'est pourquoi il appelle de ses vœux
un « saut » fédéral : « Tout mouvement vers
une union financière, budgétaire et politique
est à mon sens inévitable et conduira à la création de nouvelles entités supranationales. [...]
À long terme, l'euro doit être fondé sur une
plus grande intégration », a-t-il déclaré au
Monde en juillet dernier[1]. Angela Merkel plaide
elle aussi en faveur d'une union politique : « La
mission de notre génération est maintenant de

____

1. « Mario Draghi : "Non, l'euro n'est pas en danger" »,
Le Monde, 22-23 juillet 2012.

compléter l'union économique et monétaire et de créer, petit à petit, une union politique », a-t-elle affirmé lors du congrès de l'Union chrétienne-démocrate (Christlich Demokratische Union, CDU) de novembre 2011[1]. Mais rien ne peut se faire sans un nouveau traité, qui suppose naturellement le vote positif des citoyens de l'Union européenne. Il sera bien difficile d'obtenir leur adhésion dans une période marquée par le doute et la résurgence des nationalismes.

Il est vrai que la méthode du « chacun pour soi » retenue pour le redressement des banques en difficulté a contribué à transformer dans les États concernés une crise bancaire en une crise des finances publiques. Le secrétaire au Trésor des États-Unis, Timothy Geithner, ne cache plus l'étonnement que lui inspire la gestion de la crise européenne : « Je pense qu'il serait très utile que l'Europe parle d'une seule voix, une voix claire, sur une stratégie. […] Il est très dur pour les gens qui investissent en Europe de comprendre quelle est la stratégie quand on a autant de voix différentes », a-t-il déclaré en juin 2011. Ce dont l'Europe a besoin, c'est

---

1. *Le Monde*, 8-9 juillet 2012.

d'une réflexion sur ce qu'elle veut : renforcer son union ou limiter la coopération à une zone de libre-échange ?

Nicolas Sarkozy n'avait guère recours aux institutions européennes pour chercher des solutions à la crise financière : il s'appuyait prioritairement sur la relation de la France avec l'Allemagne. Le président de la République française et la chancelière allemande parlaient alors le même langage. François Hollande a adopté une méthode différente : depuis son élection, il a cherché à s'assurer le soutien d'autres pays membres de l'Union européenne, au premier rang desquels l'Espagne et l'Italie, afin d'obtenir une atténuation des mesures d'austérité préconisées par Angela Merkel.

Les investisseurs qui prêtent environ 2 000 milliards d'euros par an aux États de la zone euro nous ont fait confiance lorsque les Pères fondateurs de l'union économique et monétaire ont promis que les politiques économiques et budgétaires des États membres seraient harmonisées et qu'ils pourraient leur consentir des prêts à des taux voisins de ceux accordés à l'Allemagne. La tourmente grecque leur a fait comprendre que ces belles promesses n'engageaient que ceux qui les avaient écoutées. Nous arrivons à une troisième étape, lourde de menaces. Que se passerait-il si un État quittait la zone euro ? Mal géré, un tel précédent pourrait déstabiliser les pays les plus fragiles de l'union monétaire. Afin de prévenir la contagion, les autorités européennes devront rassurer les investisseurs internationaux. Comment ces derniers analyseront-ils une rupture aussi brutale du processus d'inclusion propre à la construction européenne ? Ne s'interrogeront-ils pas sur la possibilité, pour un pays fragile, de se développer au sein d'un ensemble dont les autres membres sont prospères ? Et les pays les plus dynamiques souhaiteront-ils s'encombrer de canards boiteux ? Les investisseurs pourraient rechigner à consentir des prêts à des pays qui, s'ils étaient amenés à quitter la zone euro, feraient défaut sur tout ou partie de leur dette ou la rembourseraient avec une monnaie nationale fortement dévaluée.

Il y a un proverbe chinois que j'aime beaucoup : « Quand le sage montre la lune, l'imbécile regarde le doigt. » La gestion de la crise européenne de la dette, c'est le doigt ; mais l'idée européenne, c'est la lune. Faisons donc en sorte d'éviter que l'idée européenne elle-même soit remise en cause par les conditions dans lesquelles les pays européens gèrent cette crise. Le risque existe : Paul Volcker, l'ancien président de la Réserve fédérale devenu conseiller économique de Barack Obama, évoquait dès mai 2010 la possibilité d'une « désintégration » de la zone euro. Souhaitons que Jean Monnet ait eu raison d'écrire dans ses *Mémoires* que « l'Europe se fera dans les crises et [...] sera la somme des solutions apportées à ces crises ». Et rappelons-nous sans cesse que les systèmes tiennent souvent plus longtemps qu'on ne le pense, mais finissent par s'effondrer beaucoup plus vite qu'on ne l'imagine.

Chapitre 5

Les agences de notation ?
Le coupable idéal !

Alors qu'explose la crise européenne de la dette, il faut trouver d'urgence un bouc émissaire. Les coupables étaient tout désignés : une fois de plus, ce sont les agences de notation !

Les agences sont mises en cause pour avoir osé dire la vérité sur la situation économique et financière des pays de la zone euro. Cette fois-ci, c'est avec Fitch que s'ouvre le bal. Fitch qui a osé humilier ce beau pays qu'est la Grèce, berceau de la civilisation occidentale, en dégradant une nouvelle fois sa note le 8 décembre 2009. Fitch qui a eu le culot d'affirmer publiquement que l'économie parallèle y était la plus importante d'Europe, privant l'État de ressources fiscales pourtant bien nécessaires. Fitch qui a, surtout, révélé que le gouvernement grec truquait les comptes publics.

Le problème grec est essentiellement dû aux Grecs. *Idem* pour l'Irlande, le Portugal et d'autres pays européens. Les agences de notation ne sont en rien responsables de leur mauvaise gestion. Si nous ne les avions pas montrés du doigt, quand ces pays auraient-ils consenti à assainir leurs comptes publics ? Quand se seraient-ils résignés à prendre les mesures qui fâchent ? Le plus tard possible, de toute évidence, et le dos au mur. La mise en œuvre de politiques économiques destinées à redresser les finances publiques aurait alors été plus douloureuse encore. Les dirigeants du sud de l'Europe devraient relire Louis-Ferdinand Céline : « On ne meurt pas de dettes. On meurt de ne plus pouvoir en faire »…

« Le régime financier de la Grèce est tellement extraordinaire […] que je crois nécessaire […] de placer ici quelques observations générales. La Grèce est le seul exemple connu d'un pays vivant en pleine banqueroute depuis le jour de sa naissance. […] Tous les budgets, depuis le premier jusqu'au dernier, sont en déficit. Il a fallu que les puissances protectrices de la Grèce garantissent sa solvabilité pour qu'elle négocie un emprunt à l'extérieur. Les ressources fournies par cet emprunt ont été gaspillées par le gouvernement sans aucun fruit pour le pays ; et, une fois l'argent dépensé, il a fallu que les garants, par pure bienveillance, en servissent les intérêts : la Grèce ne pouvait point les payer. » Voici ce qu'écrivait Edmond About dans un livre intitulé *La Grèce contemporaine* et publié par Hachette en 1854. Il n'y a donc rien de bien nouveau sous le soleil grec.

Il n'est pas sûr que les dirigeants européens aient lu le livre d'Edmond About avant de décider d'accueillir la Grèce au sein de l'union monétaire. Le 1er janvier 2001, la Grèce fit son entrée dans la zone euro grâce – ne l'oublions pas – à la France et à l'Allemagne, qui souhaitaient que la monnaie unique européenne soit octroyée au plus grand nombre d'États possible. Le gouvernement grec mit malheureusement à profit le parapluie constitué par l'appartenance à la zone euro pour adopter une politique de laisser-aller. La réforme de l'État n'est pas engagée. Rien n'est fait pour réduire le poids des entreprises publiques ou pour les rendre plus compétitives. Or la gouvernance européenne ne fonctionne pas : les gouvernements européens ne réagissent pas face à la dégradation des comptes publics grecs. La crise grecque illustre la contradiction entre la préoccupation générale qu'aurait dû engendrer la situation financière du pays et l'orchestration de la désinformation à laquelle nous avons assisté. La dégradation de la Grèce a alerté les investisseurs qui, dès lors, ne pouvaient plus ignorer la mauvaise gestion de certains pays européens. Ce qui n'a pas empêché les critiques de pleuvoir sur les agences de notation.

Nous avons tout d'abord été accusés de n'avoir rien vu. Président de la commission des Finances du Sénat de 2002 à 2011, Jean Arthuis s'est impatienté : « Depuis 2004, on savait que les autorités grecques trichaient. Les agences auraient pu se manifester plus précocement. Si elles avaient anticipé, peut-être que les autorités grecques auraient réagi plus tôt par rapport à leurs difficultés. » Lors d'un séminaire organisé à Séoul en mai 2010, le gouverneur de la Banque de France, Christian Noyer, a quant à lui déclaré que les notations souveraines « n'envoient pas les signaux à un moment où il faudrait qu'ils interviennent mais les adressent lorsqu'il est trop tard ».

En ce qui concerne Fitch, Jean Arthuis et Christian Noyer s'aveuglent-ils à dessein ? Le

16 décembre 2004, Fitch fut en effet la première agence de notation à dégrader la note de la dette souveraine grecque. Notre agence confirma son diagnostic dans un communiqué publié en novembre 2005 : elle s'inquiétait alors du « fardeau de la dette publique, le plus élevé de tous les pays de la catégorie "A", et des graves faiblesses des comptes publics qui ont miné la crédibilité de [la] politique budgétaire [de la Grèce] ». Mais le Conseil de l'Union européenne[1] ne partageait pas notre pessimisme. En mai 2007, il décida de « délivrer la Grèce de la procédure de déficit excessif [...], étant donné la réduction de son déficit budgétaire et la diminution de son taux de dette, autour de la valeur de référence de 60 % du PIB ». Il précisa par ailleurs que la qualité des statistiques émanant de la Grèce ne devait pas susciter trop de scepticisme : « Les autorités des statistiques grecques ont amendé leurs

---

1. Le Conseil de l'Union européenne est l'institution de l'Union où siègent les représentants des gouvernements des États membres, c'est-à-dire les ministres de chaque État membre compétents dans un domaine donné. Il ne doit pas être confondu avec le Conseil européen, qui est composé des chefs d'État ou de gouvernement des États membres ainsi que de son président et du président de la Commission.

procédures, d'où une réduction sensible des écarts de chiffres et une meilleure qualité globale des données. Par conséquent, Eurostat retire ses réserves sur la qualité des données réelles déclarées. » On peut juger de la pertinence de ce rapport à la lumière de ce que nous savons aujourd'hui ! Toujours sceptique, Fitch continua de réviser négativement ses perspectives de *rating* de la Grèce en octobre 2008. Cette nouvelle révision n'empêcha pas Joaquín Almunia d'affirmer en février 2009 que « l'économie grecque est dans une meilleure situation que la moyenne de la zone euro » !

L'évolution de la situation de la Grèce conduisit Fitch à placer ce pays sous perspective négative le 12 mai 2009. Le 22 octobre 2009, notre agence fut la première à dégrader la Grèce de A à A-, ce qui conduisit la communauté financière à prendre enfin conscience des difficultés dans lesquelles ce pays s'engluait. Qui osera encore prétendre que nous n'avons rien vu ? Qui osera affirmer que nous n'avons pas prévenu la communauté internationale ?

Notre agence abaissa la note de la Grèce à BBB+ en décembre 2009. En janvier 2011, elle la porta à BB+ en raison du poids considérable de la dette publique, qui rendait ce pays très vulnérable à des chocs exogènes. Face à l'absence de solution crédible, Fitch continua d'alerter les investisseurs en notant la Grèce CCC le 13 juillet 2011, ce qui revenait à considérer que les titres de dette publique grecque présentaient un risque élevé de défaut. Les dirigeants européens auront attendu juillet 2011 pour prendre des engagements crédibles en faveur de la stabilité financière de la zone euro.

Voilà le déroulé des événements tels qu'ils se sont produits. La vérité est plus complexe qu'on ne le croit généralement. Elle a surtout été mal relayée par des médias souvent ignorants de l'activité de notation ou peu enclins à en faire état de manière objective. Les dirigeants bruxellois ne sont pas mieux au fait de notre activité : José Manuel Barroso, pourtant président de la Commission européenne, ne craint pas de dire que toutes les agences de notation sont américaines. « Il me semble étrange qu'il n'y ait pas une seule agence venant d'Europe », déclara-t-il avant d'accuser celles qui ont pignon sur rue d'avoir « un parti pris contre l'Europe » ! C'était faire fi de Fitch, dont Fimalac est l'actionnaire principal, dont l'un des sièges se trouve à Londres, où résident son Chief Executive Officer (CEO) et ses analystes de risques souverains, et dont je suis le président.

Il est vrai que nous sommes soumis à un flux permanent de critiques. Le commissaire européen au Marché intérieur et aux Services est allé jusqu'à nous accuser d'être à l'origine de la crise, comme Nicolas Sarkozy nous avait accusés en août 2007 d'être à l'origine de la crise des *subprimes* aux États-Unis : « Je pense même [que les agences de notation] sont l'une des causes de la crise parce qu'elles ont mal évalué les risques [...] elles ont clairement échoué dans leur mission », a-t-il déclaré à *Libération* le 13 juin 2011. Parce que Fitch a noté à la baisse les pays qui prenaient des risques, on nous accuse d'être les responsables des ennuis successifs des États qui nous entourent ! Malheureusement pour nos contempteurs, la vie financière n'est pas un roman. Rien ne sert de s'en prendre au thermomètre : cassez-le, et vous n'en serez que plus malade.

Georges Papandréou ne partage pas le point de vue de la Commission. Il considère quant à lui que les déclarations faites par Nicolas Sarkozy et Angela Merkel lors du sommet de Deauville d'octobre 2010 « ont semé la panique » sur les marchés et attisé la crise grecque. Il rejette par ailleurs une partie des responsabilités sur la Commission de Bruxelles : « S'il y avait eu en Europe un bon système de surveillance monétaire, jamais je n'aurais hérité d'un tel déficit » – déficit qu'il aurait « découvert » lors de sa prise de fonction en octobre 2009. Il est dommage qu'il n'ait pas lu les diverses publications que Fitch a consacrées à l'évolution de la situation économique grecque depuis 2004…

Le climat a rapidement tourné à l'aigre entre les responsables politiques européens, la Commission et les agences de notation. On nous reprochait d'être incapables d'évaluer correctement l'évolution de la situation économique des États. Mais maintenant que nous avons dévoilé l'étendue du mal grec, on nous accuse d'aggraver la crise en donnant la danse de Saint-Guy aux marchés ! Voici ce que l'on entend dans l'entourage du commissaire européen au Marché intérieur et aux Services : « [Les agences de notation] nous jouent à l'inverse le scénario d'il y a trois ans. […] On dirait qu'aujourd'hui elles veulent prendre de l'avance en plongeant sous l'eau la tête d'États qui entreprennent des réformes structurelles, assainissent leur budget et bénéficient de plans de soutien. » Sur ce thème, les hommes politiques européens sont intarissables. Les Français ne sont pas les derniers : « les agences ne font pas leur travail sérieusement », « elles contribuent à l'affolement des marchés », « elles amplifient les spéculations »… En mars 2011, Christine Lagarde en rajoute en jugeant qu'une nouvelle dégradation de la Grèce est « hors de propos ». Les uns et les autres considèrent que les problèmes de la Grèce sont réglés : circulez, il n'y a plus rien à voir ! Dans un communiqué adressé en juin 2010 à l'Agence France-Presse, le Premier ministre du Luxembourg et président de l'Eurogroupe Jean-Claude Juncker a stigmatisé l'abaissement « irrationnel » de la note de la Grèce : « Je ne comprends pas pourquoi cette nouvelle dégradation est intervenue. Je suis totalement convaincu que les marchés financiers verront dans quelques mois qu'ils ont eu tort. Ils interprètent de façon erronée les décisions qui ont été prises. » On a vu ce qui s'est passé. Qui avait raison ? Mais Jean-Claude Juncker n'en démord pas : au cœur de l'été 2012, alors que la Grèce s'enfonçait dans une situation catastrophique et que les taux d'intérêt exigés de l'Espagne et de l'Italie atteignaient des sommets, il a une nouvelle fois affirmé que « les marchés se trompent aujourd'hui, comme ils se sont toujours trompés : lourdement[1] ».

Comme en 2007, le rôle des agences de notation a été caricaturé, exagéré, déformé. Nous ne sommes pourtant pas les oracles du monde moderne : les marchés réagissent en général à court terme alors que les agences donnent des avis sur la solvabilité à long terme. Les taux d'intérêt sur les titres de dette publique exigés par les marchés sont d'ailleurs rarement en ligne avec les notes attribuées par Fitch. Prenons l'exemple de la Grèce. Depuis sa première dégradation, qui date de 2004, sa note n'a jamais dépassé le A. Or les taux d'intérêt versés sur les titres de dette publique grecque sont restés du même ordre que ceux des pays notés AAA pratiquement jusqu'à la nouvelle dégradation à laquelle nous avons procédé en décembre 2009.

La vérité, c'est que les investisseurs pensaient jusque-là que la zone euro était indestructible et que rien ne pouvait arriver tant que

---

1. « Juncker : "La zone euro est prête à agir avec la BCE d'ici à quelques jours" », *Le Figaro*, 30 juillet 2012.

l'Allemagne était forte. Malgré nos avertissements, ils ne se souciaient pas des écarts de compétitivité existant entre les différents pays ainsi que de la divergence des politiques économiques et budgétaires menées par les États membres de l'union monétaire. Chacun des pays de la zone euro a voulu progresser à un rythme voisin mais avec des politiques économiques différentes. Un État comme la France est confronté à une double difficulté : l'aggravation constante du déficit de sa balance commerciale et l'importance de son déficit budgétaire. Le cas de l'Allemagne est totalement différent. Or les investisseurs n'ont pris conscience qu'à une date récente des disparités existant au sein de la zone euro. Ils ont également constaté que les dirigeants européens n'ont pas réussi à trouver le moyen d'éviter qu'un petit pays comme la Grèce, qui ne pèse que 2 % du PIB de la zone euro, ne provoque par contagion une crise embrasant l'ensemble de l'union monétaire. C'est pourquoi les *spreads*[1] reflètent à présent non seulement l'état des finances publiques des différents

____

1. *Spread* est un mot anglais qui désigne l'écart ou le différentiel entre deux taux. Ici, les *spreads* désignent les

pays de la zone euro mais aussi leur situation économique.

Il est inexact de dire qu'une dégradation entraîne automatiquement une élévation des taux d'intérêt. Les marchés n'ont pas modifié les taux sur les titres des dettes souveraines des États-Unis et de la France après la dégradation par Standard & Poor's de ces deux pays : les taux américains ont au contraire baissé à la suite de cette dégradation et ne s'élèvent qu'à 1,70 % à dix ans. Noté AA-, le Japon bénéficie de taux d'intérêt très bas (0,80 % à dix ans) alors que l'Allemagne, qui dispose d'une note AAA, s'endette à 1,54 % pour la même durée[1]. Les marchés sont d'une sensibilité extrême qui les pousse quelquefois à faire montre d'une versatilité démesurée. Ni Fitch ni ses confrères n'y peuvent quoi que ce soit. Dans une économie moderne ouverte sur le monde, les

---

écarts constatés à un moment donné entre les taux auxquels s'endettent les pays de la zone euro autres que l'Allemagne et le taux auquel s'endette l'Allemagne. L'économie allemande sert de référence aux marchés financiers pour la zone euro parce qu'elle est la plus importante et la plus stable de l'union économique et monétaire européenne.

1. Taux constatés le 11 septembre 2012.

prêteurs sont maîtres des taux d'intérêt. Il ne sert à rien de le déplorer.

Mais si les marchés réagissent à nos notes, c'est que les investisseurs ont confiance en nous. Comme les critiques seraient vives si nous n'avisions pas les investisseurs lorsque nous pensons que la qualité d'un émetteur est dégradée ! N'est-il pas de notre devoir de donner notre opinion aux investisseurs qui ont en portefeuille des titres de dette publique de pays à risque qu'ils finiront peut-être par être appelés à aider « volontairement » ?

Dernière remarque sur ce point : on entend souvent dire qu'en exigeant des taux d'intérêt élevés, les investisseurs conduisent les pays concernés au ralentissement économique, voire à la récession. Ce raisonnement est vraiment étrange. Qui porte les dettes des États ? Les investisseurs. Pourquoi ceux-ci agiraient-ils de la sorte et prendraient-ils le risque de subir des pertes sur les créances qu'ils détiennent ? C'est absurde !

Comme en 2007, on affecte également de croire que nous intoxiquons les investisseurs et que ces derniers se laissent aveugler. En avril 2010, le ministre allemand des Finances

Wolfgang Schäuble a ainsi affirmé qu'il ne fallait pas prendre les agences de notation « trop au sérieux ». Quant à Dominique Strauss-Kahn, il a renchéri avec dédain : « Il ne faut pas trop croire ce qu'elles disent. » Les déclarations de cette nature sont presque quotidiennes. Un tel déchaînement a quelque chose de surprenant. Une agence donnée peut bien sûr commettre une erreur, mais faut-il pour autant critiquer l'ensemble de la profession ? Comme je le souligne alors à la télévision : « Quand British Petroleum commet une erreur dans le golfe du Mexique, on ne critique pas toutes les compagnies pétrolières alors qu'on fait constamment l'amalgame quand il s'agit des agences de notation. » Que nous ne soyons que trois à jouer un rôle majeur ne suffit pas à justifier les généralisations calomnieuses : dans le secteur pétrolier, les *majors* se comptent aussi sur les doigts d'une main. Nous vilipender collectivement, c'est fustiger à travers nous les investisseurs institutionnels de San Francisco à Shanghai en passant par Tokyo, Londres, New York ou Dubaï. Le message est clair : « Messieurs les investisseurs, vous faites mal votre boulot ! » Vous qui, pour certains, gérez des montants supérieurs au PIB français.

En s'acharnant sur nous, nos détracteurs ne parviennent en réalité qu'à renforcer notre poids. Les investisseurs nous font confiance parce qu'ils nous jugent crédibles.

En 2007, on nous a accusés de ne pas avoir anticipé la crise américaine. Trois ans plus tard, on nous a reproché d'avoir provoqué et attisé la crise européenne. Nous ne parlons jamais au bon moment. Nous ferions mieux de nous taire. Et définitivement ! Eh oui, pourquoi alerter les investisseurs qui gèrent l'épargne des retraités, pourquoi donner notre opinion sur les risques qu'ils courent ? Oublie-t-on qu'une grande partie des économies de la planète sont placées auprès d'investisseurs qui ont besoin de connaître leur risque afin de gérer au mieux l'épargne destinée à la retraite de M. et Mme Tout-le-monde ?

Pour se forger leur propre opinion, les investisseurs doivent utiliser toutes les informations disponibles. Il se trouve que les nôtres ne sont pas les moins judicieuses. Le FMI reconnaît d'ailleurs qu'« en matière d'exactitude, les notations souveraines ont en règle générale été bonnes. Les États qui se sont déclarés en défaut de paiement depuis 1975 avaient tous une note inférieure à la catégorie investissement durant l'année qui précédait le défaut[1] ».

Le ministre grec des Finances, Georges Papaconstantinou, s'est indigné en mars 2011 que le jugement des agences « ait une plus grande retombée sur les marchés que les évaluations de la Commission, du FMI et de la BCE ». Pourquoi les décisions des agences de notation ont-elles tant de répercussions ? Tout simplement parce que les principaux investisseurs internationaux estiment que nous sommes compétents, indépendants, transparents, et que nous ne perdons pas notre sang-froid. Et aussi parce que nous mettons à la disposition des investisseurs les travaux réalisés par des équipes de recherche et des analystes que ni le FMI, ni la Banque mondiale, ni l'OCDE, ni les banques centrales, ni les grands investisseurs ne peuvent s'offrir. Demander aux investisseurs de se « désintoxiquer » des agences est un vœu pieux : ils ne disposent pas d'équipes capables d'analyser les risques associés à chacun de leurs placements. Les trois grandes agences de notation

---

1. Fonds monétaire international, *Rapport sur la stabilité financière dans le monde*, octobre 2010.

– Moody's, Standard & Poor's et Fitch – peuvent mettre à leur disposition quatre mille analystes. Quel est l'organisme qui peut compter autant d'analystes scrutant en permanence les données économiques des entreprises ou des États ?

Nous sommes redoutés, critiqués, presque haïs, parce que nous sommes les plus crédibles auprès des investisseurs qui gèrent l'épargne mondiale en se fondant sur nos opinions. Nous n'avons pas le pouvoir d'intervenir sur les marchés : « Soyons honnête, souligne Nicolas Véron, économiste au sein du *think tank* bruxellois Bruegel, le pouvoir est aux mains des investisseurs plus que des agences de notation. » En clair, si le marché réagit trop fortement à la suite d'une dégradation, c'est d'abord la responsabilité des investisseurs.

Puisque nous persistons à donner notre opinion, les dirigeants européens se sont mis en quête d'une solution plus radicale pour nous empêcher d'informer les investisseurs : nous priver de notre droit d'expression sur la situation financière des États. Lorsque Fitch a abaissé la note de la Grèce à BB+, le ministre des Finances grec a déclaré que notre décision

« ne pouvant être justifiée sur la base d'éléments objectifs », il fallait mettre en place « un nouveau cadre pour les agences de notation à un niveau européen[1] ». Une telle mesure serait d'autant plus nécessaire que nous manquerions de professionnalisme. C'est aussi le reproche que nous fait le porte-parole du commissaire européen aux Affaires économiques et monétaires, Amadeu Altafaj Tardio : « Nous avons dit ici à plusieurs occasions que nous avions des doutes et un certain degré de critique sur la façon dont ces agences fonctionnent[2]. » La meilleure solution ne serait-elle pas de nous priver de notre liberté d'expression ?

Ce qui serait inconcevable aux États-Unis semble naturel à certains dirigeants européens : nous ne devrions pas noter les États. « Fondamentalement, demandait *L'Agefi* à Michel Barnier en juin 2010, jugez-vous normal que les États soient soumis à des notations ? » Le commissaire européen au Marché intérieur et aux Services a indiqué lors d'un discours prononcé en juillet 2011 qu'« il faut [...] se poser la question [...] de savoir s'il faut permettre

---

1. AFP, 14 janvier 2011.
2. Reuters, 30 mars 2011.

les notations souveraines quand un État est sous programme international ».

De telles prises de position ne seraient pas comprises aux États-Unis. Les collaborateurs de Barack Obama ne se privent pas de souligner les erreurs de telle ou telle agence de notation, mais ils ne remettent pas en cause le rôle des agences. Il faut retenir cette leçon : dans la plus grand puissance de la planète, qui est à l'origine de plus de 20 % du PIB mondial, il est possible d'appeler un chat un chat sans s'attirer les foudres des élites politiques et financières. Le président Obama s'est contenté d'exhorter ses compatriotes à la solidarité en appelant démocrates et républicains à s'unir pour réfléchir à une stratégie de rétablissement des finances publiques des États-Unis. Il n'a ni lancé d'anathème ni menacé d'interdire aux agences de notation de noter son pays[1].

La dégradation de la note de la dette souveraine américaine aura de plus eu le mérite de mettre un terme à l'un de ces mensonges que

―――――――――

1. Les notations des agences étant des opinions indépendantes, elles sont protégées par le premier amendement de la Constitution des États-Unis qui garantit la liberté d'expression.

l'on veut ériger en lieu commun : les agences de notation seraient interchangeables, moutonnières, toutes à jeter dans le même sac.

Les faits parlent d'eux-mêmes. Le 5 août 2011, les équipes de Standard & Poor's ont dégradé la note des États-Unis et l'ont placée sous perspective négative. Onze jours plus tard, le 16 août, Fitch les a contredites en maintenant le AAA conquis par les États-Unis en 1941 et en confirmant de la sorte que ce pays restait selon elle éminemment solvable. Une séquence similaire a été observée dans le cas de la France : tandis que Standard & Poor's dégradait la France en janvier 2012, Fitch maintenait le AAA – en le plaçant certes sous perspective négative – en décembre 2011, suivie par Moody's à la mi-février 2012.

Des voix se sont heureusement élevées en Europe afin de critiquer l'idée d'interdire aux agences de noter les États. « C'est une manière de tuer le messager des mauvaises nouvelles », a jugé Nicolas Véron, avant de faire remarquer que « sur le plan juridique, se pose la question de savoir comment interdire à un acteur économique d'émettre une opinion sans tomber dans le déni d'opinion, la plupart des notations souveraines étant non sollicitées[1] ». Au Royaume-Uni, la Chambre des Lords a estimé qu'une telle interdiction reviendrait à une forme de censure que les Britanniques auraient du mal à accepter.

La Commission de Bruxelles n'a pas souhaité reprendre le projet préparé par ses services qui prévoyait la possibilité de suspendre pour une période limitée la notation d'un pays. Une des raisons évoquées par certains commissaires était que la suspension aurait été susceptible de provoquer des mouvements de marché erratiques, les intervenants pouvant penser que des informations leur étaient cachées.

Sont toujours à l'étude des projets destinés à imposer aux entreprises l'obligation de renoncer aux services d'une deuxième grande agence pour laisser la place à une petite agence (moins de 10 millions de chiffre d'affaires en Europe), même si celle-ci ne dispose d'aucune crédibilité internationale. Seules les petites agences accréditées par l'European Securities

---

1. Les notations non sollicitées sont des notations de crédit non formulées à la demande de l'émetteur ou de l'entité notée.

and Markets Authority (ESMA), l'organisme qui autorise les activités de notation en Europe, seraient retenues. On en compte une douzaine dont une grecque, une portugaise, une chypriote et une bulgare. L'ESMA a de plus agréé de « petites » agences américaines disposant du label de la SEC. Cette dernière n'a malheureusement pas jugé digne de son agrément les petites agences européennes labellisées par l'ESMA en raison de leur manque de crédibilité au plan international. Or les investisseurs anglo-saxons imposent généralement à leurs gestionnaires de ne prendre que du papier noté par une agence agréée par la SEC. Pour continuer d'avoir accès aux investisseurs anglo-saxons, les grandes entreprises européennes prendront par conséquent comme deuxième agence une « petite » agence... américaine !

Loin de faire émerger de nouvelles agences européennes, la nouvelle réglementation risque de servir de cheval de Troie aux petites agences américaines. Le poids des méthodologies anglo-saxonnes sera donc renforcé. C'est exactement le contraire des objectifs poursuivis par les autorités européennes. Comprenne qui pourra !

Imposer de nouvelles règles par excès de précipitation peut ainsi produire des conséquences imprévues et contraires aux intérêts européens... Les entreprises et les collectivités publiques européennes empruntent chaque année environ 2 000 milliards d'euros aux Anglo-Saxons. La dette publique française, qui s'élève à environ 1 800 milliards d'euros, est ainsi souscrite à hauteur des deux tiers par des investisseurs étrangers qui sont pour un tiers basés aux États-Unis.

Une réforme de la notation ne saurait être engagée qu'à l'échelle de la planète. Des propositions purement européennes pourraient être interprétées par les investisseurs extérieurs à la zone euro comme une atteinte à leur liberté de choix et seraient susceptibles de les détourner de l'Europe, ce qui serait dommageable étant donné l'ampleur de notre endettement.

Parce que l'Europe dépend du bon vouloir des investisseurs étrangers pour le financement de son économie et de son endettement, elle ne doit pas devenir une région à risque où la concurrence est remise en cause et l'information contrôlée. Dans une économie de marché, la concurrence ne se décrète pas de façon unilatérale, arbitraire et artificielle : elle résulte d'un libre choix des investisseurs.

Faire de l'Europe continentale le champion de la régulation entraînerait la marginalisation progressive des places financières de la zone euro. Les Anglo-Saxons et les Asiatiques en seraient les premiers bénéficiaires. A-t-on conscience des risques engendrés par des réformes faites à la hâte alors qu'il n'y a aucune urgence ? Les notations des « entreprises » ne sont en rien responsables de la crise des *subprimes* ni de l'endettement des États.

*

Les responsables politiques européens et la Commission européenne ne sont pas les seuls à s'en prendre à nous : nous devons aussi faire face aux violentes attaques de personnalités du monde économique et de nombreux médias.

Certains patrons n'hésitent pas à faire fi de la réalité pour le plaisir de nous sauter à la gorge. C'est le cas de Claude Bébéar, qui souhaite carrément notre mort ! « L'enquête que le Sénat américain a ouverte sur les méthodes de travail de Standard & Poor's devrait signer l'arrêt de mort de cette profession. Qui s'en plaindra ? » a-t-il déclaré au *Figaro* le 12 août 2011. Le président d'honneur d'AXA n'y va pas par quatre chemins : ce n'est pas Standard & Poor's qui doit être sanctionnée, ce sont toutes les agences de notation qui doivent disparaître ! Il semble ignorer les menaces que la disparition des agences de notation ferait peser sur son ancien groupe : comment AXA pourrait-il placer sa dette auprès des investisseurs ou apprécier la qualité de ses placements ?

La lecture d'une certaine presse française donne une idée du degré de violence auquel nous devons nous habituer. L'artillerie lourde est sortie. « Les agences de notation, c'est du grand n'importe quoi et mieux vaut éviter de les croire si on ne veut pas y laisser des plumes », affirme le correspondant de *Libération* auprès de l'Union européenne en septembre 2010. « Bombardons les agences de notation ! » propose *Charlie Hebdo* en juillet 2011. Et d'accuser : « Après avoir tiré dans la nuque de la Grèce pour l'achever, les agences de notation viennent d'attaquer le Portugal. [...] Une agence de notation n'est pas un thermomètre, une agence de notation, c'est l'ordure qui donne le signal du lynchage ! » Le 14 juillet, *Le Nouvel Observateur* y va de son pamphlet révolutionnaire pour commémorer la prise de la Bastille : « Le mécanisme – le "système" – mis en place depuis une quinzaine d'années est un immense scandale historique. À moyen terme, ses effets menacent la démocratie au moins autant que l'abjection terroriste. » On appelle même à nous écraser puisque nous sommes des « terroristes » : « Des terroristes qui non seulement restent impunis, mais qui ne sont même pas traqués, poursuivis, harcelés. Pourtant, à la différence des Ben Laden et des Kadhafi, il est possible de les localiser facilement. Pour Fitch, il suffit de sonner au 60, rue de Monceau à Paris », écrit *Charlie Hebdo*. Le 8 août 2011, *Libération* se déchaîne dans un éditorial : « Les agences voudraient être le thermomètre implacable de l'économie. Elles ne sont qu'un pifomètre au pouvoir exorbitant, ayant prospéré depuis trente ans sur le vide, le retrait et l'abandon du terrain par l'autorité publique elle-même. » Dans un éditorial intitulé « Les incendiaires » et publié le 11 août 2011, *Le Nouvel Observateur* nous accuse d'être ceux qui « paniquent la planète à l'heure où sévit la crise ». Les agences de notation seraient « en ce moment à l'œuvre pour déclencher l'incendie mondial ». « Si les détenteurs de bons du Trésor américain s'avisent de les vendre massivement, nous glissons dans le gouffre de la panique financière et bientôt de la récession. […] Qui sont ces gens-là ? […] un oligopole d'experts en bévues et boulettes, minés par les conflits d'intérêts […] une bande de farceurs surpayés, shootés au catéchisme libéral. » *Le Nouvel Observateur* s'abstient de rappeler que seule l'agence Standard & Poor's a dégradé la note des États-Unis, Moody's et Fitch ayant maintenu le AAA. Mais qu'importe la réalité ! Nous serions « minés par les conflits d'intérêts », souligne le magazine : pourrait-il en citer ne serait-ce qu'un dans lequel Fitch aurait été impliqué ? Quant au cataclysme annoncé par *Le Nouvel Observateur*, il ne s'est pas produit puisque le taux à dix ans de la dette américaine a baissé !

Il faudra bien un jour reconnaître que nos mises en garde aident les pays concernés à mieux gérer leurs finances publiques et peuvent leur éviter de faire peser sur les générations suivantes les conséquences de leur légèreté. Les dégradations des notes européennes et la tragédie grecque ont provoqué une prise de conscience. « Si les marchés n'avaient pas tiré la sonnette d'alarme, quand les gouvernements européens auraient-ils pris les mesures de réduction des déficits [budgétaires] qu'ils viennent d'annoncer ? Beaucoup plus tard. Et les efforts de rattrapage auraient été encore plus conséquents. Plus tôt les marchés sanctionnent la mauvaise performance des acteurs, que ce soient les entreprises ou les États, au travers de l'évolution des devises, des actions ou des taux, mieux c'est », a souligné Pierre Lagrange, le cofondateur du fonds d'investissement GLG Partners[1].

Les politiques de déni n'ont jamais fait progresser que les illusions et la démagogie. L'Europe a souvent agi trop peu, trop tard et en ordre dispersé. Jacques de Larosière est au nombre de ceux qui regrettent la manière dont a été gérée la crise grecque : « Il aurait été beaucoup plus sage de traiter le problème dès 2010 en regardant la réalité en face au lieu de faire semblant de croire que la Grèce était capable de revenir sur les marchés dès 2013[2]. » Valéry Giscard d'Estaing estime lui aussi

---

1. *Le Figaro*, 15 juin 2010.
2. *Les Échos*, 14 février 2012.

qu'« on a perdu beaucoup de temps inutile-
ment ». Quelque peu désabusé, l'ancien président de la République a reconnu que « la
décision de faire participer la Grèce à la monnaie unique était une grave erreur[1] ».

Je suis convaincu que les agences de notation servent l'intérêt public. Nous informons
non seulement les investisseurs mais aussi
l'opinion. Nous défendons la réalité. Nous ne
craignons pas de dire tout haut que certains
pays auront des difficultés à rembourser leurs
dettes ou ne seront pas en mesure de le faire.
Faudrait-il les aider à le cacher ? Faudrait-il
s'interdire de dire que le roi est nu ?

Je ne prétends pas que l'on devrait nous
bénir ! Mais la classe politique préfère nous
faire jouer le rôle de bouc émissaire.

L'un de mes plus beaux souvenirs date de
décembre 2011. Alors que je remettais le Prix
du livre d'économie au ministère de l'Économie et des Finances en présence de François
Baroin et de Luc Chatel, une trentaine de
lycéens de filière ES qui avaient été invités,
comme 500 de leurs camarades issus des lycées
de Paris et de la région parisienne, à participer

---

1. *Le Monde*, 17 novembre 2011.

à la Journée du livre d'économie, sont venus me dire : « Tenez bon ! Grâce à vous, le boulet de la dette accumulée par nos gouvernants ne nous sera pas transféré. » Ça fait plaisir.

De nombreux commentateurs reconnaissent heureusement notre utilité et s'efforcent de faire entendre leur voix dans le flot des critiques. C'est notamment le cas de Gunther Capelle-Blancard, directeur adjoint du Centre d'études prospectives et d'informations internationales (Cepii) : « Quand les agences de notation interviennent trop tard, on leur reproche de ne pas avoir anticipé la crise. Quand elles le font un peu trop tôt, on leur reproche de provoquer la crise. À un moment, il faut être cohérent », a-t-il fait remarquer. Jean-Pierre Jouyet a lui aussi pris notre défense : « La notation n'est que le reflet atténué du sentiment des marchés. On ne peut pas tout mettre sur le dos des agences de notation », a-t-il déclaré aux *Échos* le 23 novembre 2011.

Ne tirez plus sur les agences de notation : le monde en a besoin. Même si l'Europe continue à ergoter sur les réformes à mettre en place pour encadrer leur activité, le reste de la planète leur fait à nouveau confiance. La demande de notation ne cesse de croître en Europe, en Amérique latine et en Asie, mais aussi dans les pays émergents. Les investisseurs ont en outre de plus en plus fréquemment recours à notre recherche pour éclairer leurs décisions. « Les agences de notation sont définitivement sorties de la crise », titraient *Les Échos* le 28 avril 2011. « Leur succès souligne […] à quel point elles sont indispensables au fonctionnement quotidien des marchés. »

En critiquant les signaux que nous émettons, on ne fait que détourner l'attention de la pénible réalité : l'aggravation de l'endettement des États européens et leur difficulté à trouver des solutions. Nous avons vu que Fitch fut le premier à annoncer que la Grèce peinerait à rembourser sa dette publique. Accusés par les autorités européennes de manque de clairvoyance et d'incompétence technique, nous avons été littéralement mis au ban de l'Europe. Résultat ? En juillet 2011, les gouvernements européens ont accepté que la Grèce ne rembourse pas la totalité de sa dette. Neuf mois plus tard, 106,5 milliards d'euros de dette grecque ont été effacés. Les agences de notation avaient-elles tort de signaler aux investisseurs les risques associés à la détention de titres de dette grecs ?

Nicolas Véron a dit des agences de notation que « si elles n'existaient pas, il faudrait les inventer. Le marché des capitaux a besoin de références communes ». Parce qu'elles sont placées au cœur du dispositif, entre les investisseurs et les emprunteurs, les agences de notation constituent l'un des rouages essentiels du système financier international. Mais *in fine*, ce sont évidemment les investisseurs qui décideront de s'exposer à tel ou tel risque : les analyses produites par les agences de notation ne devraient être que l'une de leurs sources d'information. Les agences réclament par ailleurs de longue date que les réglementations financières cessent de faire référence aux notations : elles répugnent à exercer le rôle de quasi-régulateur qui leur a été imposé[1].

---

1. Un grand nombre de réglementations financières intègrent les notations des agences. Elles peuvent contraindre un émetteur à obtenir une notation avant de procéder à une émission de dette, limiter ou interdire l'achat ou la détention de titres disposant d'une note inférieure à un certain niveau, ou imposer à des établissements financiers des exigences en fonds propres d'autant plus élevées que les titres qu'ils ont en portefeuille ont des notations basses. Les accords de

Dans une économie dont le financement dépend du marché, il faut un « éclaireur » capable d'émettre une opinion indépendante et transparente sur le risque pris par un créancier lorsqu'il prête son argent à un débiteur qu'il ne connaît pas. En février 2011, *Le Monde* l'admettait en titrant : « Les agences de notation sont éternelles. » « Si la plus ancienne d'entre elles, Moody's, née il y a près d'un siècle, est toujours bel et bien là, c'est qu'elles sont indispensables, dans la logique du marché. Qu'elles soient, à chaque crise, jetées en pâture à la vindicte populaire n'y changera rien ! »

Nous savons parfaitement que c'est en période de crise financière et de ralentissement économique que l'on découvre notre existence. Quand la reprise sera là, nous retomberons dans l'oubli : qui nous critiquerait pour avoir attribué une meilleure note ? Mais oui, si nous

----

Bâle II font ainsi reposer la pondération des actifs détenus par les banques sur les notations attribuées par les agences.

La tendance actuelle est à la réduction du poids des notations dans les réglementations financières. Adoptée en 2010, la loi Dodd-Frank prévoit le retrait des références aux notations dans la réglementation financière américaine. Les accords de Bâle III comportent quant à eux des mesures destinées à réduire le rôle des notations dans la réglementation bancaire.

continuons à être indépendants, transparents et compétents, nous resterons « indispensables, dans la logique du marché ». Jérôme Chartier, le rapporteur du projet de loi de régulation bancaire et financière, a d'ailleurs déclaré en juin 2010 que « les marchés suivent les agences de notation plutôt que [la chancelière allemande] Angela Merkel. Qui décide d'acheter [des titres souverains] ? Le trader. Sur quoi décide-t-il ? Les déclarations politiques ou les agences de notation ? Les agences de notation ».

Le nier, c'est se voiler la face.

Conclusion

Voilà cinq ans que l'on débat sans relâche des origines de la crise économique et financière que traversent les États-Unis comme l'Union européenne ainsi que des moyens d'y remédier. La crise est dans tous les esprits. Par l'une des leçons de désinformation dont ils sont coutumiers, les gouvernements tentent d'en faire porter la responsabilité à des agents privés dont la cupidité aurait dénaturé le capitalisme. Ils oublient opportunément de rappeler que la crise américaine des *subprimes* et la crise européenne de la dette s'enracinent dans les politiques de croissance menées aux États-Unis et dans les pays de l'Union européenne : la volonté de doper la croissance en favorisant le gonflement d'une bulle immobilière aux États-Unis et le recours à l'endettement public pour soutenir l'activité dans les économies européennes les plus fragiles.

La crise américaine résulte de la tentative de retrouver le plein-emploi à travers la formation d'une bulle spéculative. Mais contrairement à la crise des *savings and loan*, née de l'effondrement du marché immobilier américain, ou à l'explosion de la bulle technologique liée au développement de l'Internet, la bulle immobilière qui s'est formée aux États-Unis lors de la première moitié des années 2000 était financée pour près de la moitié par des investisseurs non américains. C'est pour cette raison que la crise des *subprimes* n'est pas restée circonscrite au territoire des États-Unis.

La crise de la zone euro est quant à elle le produit de politiques économiques caractérisées par un recours excessif à l'endettement public. Les principaux pays européens – à l'exception notable de l'Allemagne – ont utilisé la dépense publique pour soutenir la demande intérieure. Protégés par le parapluie de l'union monétaire, ils se sont dispensés de procéder aux réformes structurelles que l'approfondissement de la mondialisation et les évolutions démographiques avaient rendues indispensables. Rien ou presque n'a été fait pour améliorer la compétitivité des entreprises – sauf en Allemagne, où le gouvernement de Gerhard Schröder a courageusement mis en œuvre des réformes dont le pays récolte à présent les fruits[1]. Nous payons au prix fort l'accumulation de toutes ces petites lâchetés : la désindustrialisation progressive du continent européen et la montée d'un chômage de longue durée frappant les individus les plus vulnérables en sont les conséquences.

L'union économique et monétaire s'était certes dotée de garde-fous. Le traité de Maastricht comportait des critères d'encadrement des finances publiques : les États voulant accéder à la zone euro s'engageaient à présenter un déficit public inférieur à 3 % du PIB et une dette publique inférieure à 60 % du PIB. Adopté en 1997, le Pacte de stabilité et de croissance renforçait ce corset en l'assortissant d'un dispositif de surveillance multilatérale des finances publiques et en créant une procédure

---

1. Le gouvernement Schröder lança en mars 2003 un plan de réformes structurelles connu sous le nom d'« Agenda 2010 ». Les mesures adoptées conformément à ce plan étaient destinées à rendre le marché du travail plus flexible, à réduire le coût de la protection sociale et à assouplir la réglementation économique. Elles vinrent renforcer les effets de la politique de modération salariale mise en œuvre depuis la fin des années 1990.

de déficit excessif déclenchée dès que le déficit public d'un État membre dépassait les 3 % du PIB. Ces exigences de rigueur n'ont pas fait long feu : les pays qui ont fait l'objet de cette procédure n'ont pas été sanctionnés. Dès le Conseil européen de mars 2005, il a par ailleurs été décidé que les États membres de la zone euro pourraient échapper à la procédure de déficit excessif en cas de récession.

Nul ne veut reconnaître que les agences de notation, et plus particulièrement Fitch, étaient pratiquement les seules à donner l'alarme en attirant l'attention sur les divergences des politiques économiques et budgétaires mises en œuvre par les pays de la zone euro. Obnubilés par les échéances électorales à venir et peu soucieux des conséquences négatives que leurs décisions pourraient avoir sur les générations futures, les dirigeants des États les plus laxistes en matière de gestion des finances publiques ne se résolurent pas à renoncer à leurs mauvaises habitudes. Les enquêtes d'opinion leur servaient de boussole : ils cherchaient à répondre aux préoccupations immédiates de leurs électeurs et se contentaient d'esquisser les réformes structurelles – quand ils ne les reportaient pas.

Il faut reconnaître à leur décharge que les investisseurs n'ont guère été prompts à les sanctionner : bien que Fitch ait procédé à une première dégradation de la note de la dette souveraine grecque en décembre 2004, les taux d'intérêt exigés de la Grèce n'ont pas augmenté. Les investisseurs continuaient à penser que l'existence de l'union monétaire garantissait la liquidité et les capacités de remboursement des pays qui en étaient membres. Ils ne prirent conscience des erreurs commises par la majorité des pays de la zone euro dans la définition de leurs politiques économiques et budgétaires qu'à l'occasion des deux nouvelles dégradations de la Grèce auxquelles Fitch procéda en octobre et décembre 2009. Il faut également rappeler que les autorités européennes n'attachaient pas une grande importance au respect du Pacte de stabilité et de croissance : Romano Prodi, qui présidait alors la Commission européenne, ne l'a-t-il pas qualifié de « stupide » en octobre 2002 ? Ne nous étonnons donc pas que les pays membres de la zone euro n'aient pas jugé essentiel de veiller à l'équilibre de leurs finances publiques.

Lorsque la crise des *subprimes* a éclaté, les États-Unis et la majorité des pays européens

étaient déjà lourdement endettés. La mise en
œuvre de plans de relance destinés à atténuer
les effets de la crise économique née de
l'explosion de la bulle immobilière américaine
a creusé les déficits publics et a porté les dettes
publiques à des niveaux difficilement soutena-
bles. Mais tandis que les États-Unis et le
Royaume-Uni ont la possibilité de monétiser
leur dette[1] et d'alléger ainsi le fardeau qui pèse
sur eux, les pays membres de la zone euro
doivent composer avec le statut de la Banque
centrale européenne qui lui interdit de souscrire
de la dette publique à l'émission[2]. La BCE n'a
pas hésité à acheter massivement sur le marché
secondaire des titres de dette publique émis par
des États en difficulté. En procédant de la sorte,
elle a fait gonfler la taille de son bilan en y
inscrivant des créances qui peuvent à terme se
révéler particulièrement risquées. Cette politique a des limites : c'est ce qu'a voulu faire
comprendre Mario Draghi en déclarant, le

---

1. Un État peut monétiser sa dette en demandant à la
banque centrale nationale d'acheter des obligations émises
par les administrations publiques au moyen de la monnaie
qu'elle aura créée à cet effet.

2. Article 123 de la version consolidée du traité sur le
fonctionnement de l'Union européenne.

6 septembre dernier, que l'institution de Francfort continuerait de racheter de la dette souveraine sur le marché secondaire tant que les taux d'intérêt des États les plus fragiles demeureront trop élevés par rapport à ceux de leurs voisins. Mais, a insisté le nouveau patron de la BCE, sous réserve que les pays concernés se soient d'abord adressés au Fonds européen de stabilité financière (FESF) ou au Mécanisme européen de stabilité (MES) et aient accepté de strictes conditions.

En s'affranchissant – peut-être provisoirement – de la rigidité allemande, Mario Draghi fait preuve d'une autorité certaine et permet à la zone euro de panser ses plaies actuelles. C'est lui, semble-t-il, qui manie le mieux la trousse de survie dont a besoin l'union monétaire européenne. Mais nous sommes toujours en quête du Graal européen : comment gérer la crise de la dette tout en renouant avec la croissance ? Les solutions ne peuvent émaner que du pouvoir politique.

La crise européenne de la dette a commencé lorsque les écarts de rendement sur les titres de dette souveraine observés au sein de la zone euro se sont élargis : les investisseurs ont exigé des primes de risque d'autant plus importantes que l'endettement des pays considérés était élevé. Emportée par la crise des *subprimes* avant de s'engluer dans la crise de la dette, l'Europe est aujourd'hui dans une situation difficile. Elle souffre des incertitudes qu'inspire au reste du monde la fragilité de ses structures économiques. La restriction du crédit et la réduction des dépenses publiques exercent des effets récessifs. Les pays qui, comme la France, ont choisi la facilité en asseyant leur croissance sur une hausse de la consommation financée par endettement plutôt qu'en favorisant leurs exportations afin de tenir leur rang dans la compétition internationale, sont maintenant à la peine. Ceux qui ont eu recours à des bulles spéculatives vacillent, qu'il s'agisse d'une bulle immobilière comme en Espagne ou essentiellement financière comme en Irlande. À l'exception de l'Allemagne, tous les grands pays européens subissent les conséquences des artifices qu'ils avaient utilisés pour doper leur croissance. La demande intérieure stagne dans les pays de la zone euro alors qu'une nouvelle phase de ralentissement économique s'annonce aux États-Unis et dans les pays émergents. Le chômage flambe : il touche

15 % de la population active en Irlande et au Portugal, 23 % en Grèce, 25 % en Espagne.

Soucieux d'écarter les nuées qui continuent de menacer la zone euro, les responsables politiques européens se divisent sur les réponses à apporter à la crise – tout comme d'ailleurs les économistes du monde entier. Angela Merkel et Mario Draghi appellent de leurs vœux un « saut » fédéral qui autoriserait la création d'un véritable gouvernement économique européen. D'autres plaident en faveur de l'abandon de l'euro : à leurs yeux, une monnaie commune ne peut exister que dans le cadre d'un État fédéral au sein duquel les États fédérés n'ont plus guère d'autonomie budgétaire. D'autres encore proposent que les pays connaissant les difficultés les plus graves sortent temporairement de la zone euro et dévaluent leur monnaie pour restaurer leur compétitivité : ils voient là le moyen de prévenir l'éclatement des troubles politiques et sociaux qu'entraînerait inévitablement la mise en œuvre des réformes structurelles indispensables au rétablissement de leur compétitivité dans le cadre de l'union monétaire. Certains responsables politiques européens n'excluent d'ailleurs plus que la Grèce sorte de la zone euro. Le ministre allemand de l'Économie, Philipp Rösler, a indiqué que cette hypothèse n'avait à ses yeux « plus rien d'effrayant depuis longtemps ». Alors que le président de l'Eurogroupe, Jean-Claude Juncker, critiquait sévèrement au début de l'été ceux qui faisaient la promotion de cette idée, il a déclaré en août dernier qu'une sortie de la Grèce de la zone euro serait « gérable ». D'autres enfin sont partisans de la création d'une zone monétaire ne réunissant autour de l'Allemagne que les pays jugés « fiables », c'est-à-dire ceux d'Europe du Nord.

Il existe des solutions intermédiaires qui permettraient de s'extraire de l'opposition entre approfondissement du fédéralisme européen et éclatement de la zone euro. La mise en place d'une union bancaire européenne est l'une d'elles. Une telle union reposerait sur trois piliers : un système de supervision européen, une garantie des dépôts commune et une gestion plus intégrée des systèmes bancaires nationaux. La création d'une autorité unique de supervision bancaire a été actée lors de la réunion du Conseil européen des 28 et 29 juin 2012. La mutualisation d'une partie de la dette publique des États européens constitue une deuxième solution intermédiaire. Angela

Merkel s'est certes opposée à la création d'euro-obligations et a fait de l'avancée vers le fédéralisme européen la condition de l'adoption des eurobonds. Mais elle pourrait se montrer sensible aux arguments du Conseil allemand des experts économiques. Les « Cinq Sages » qui conseillent le gouvernement fédéral en matière économique ont proposé en novembre 2011 que la fraction de la dette des États de la zone euro excédant les 60 % du PIB à une date donnée soit placée dans un fonds et refinancée ensuite par l'émission de titres communs. Ce fonds serait alimenté par des recettes fiscales affectées venant de chaque pays en proportion des dettes mises en commun. Quand ces dettes viendraient à échéance, le fonds emprunterait avec la garantie solidaire de tous. L'attribution d'une licence bancaire au futur Mécanisme européen de stabilité constituerait une troisième solution : le MES pourrait de la sorte avoir accès aux liquidités de la BCE, ce qui lui permettrait d'avoir une capacité d'action suffisante pour faire face à une aggravation de la crise européenne de la dette. Mais pour l'instant, le gouvernement allemand s'oppose fermement à la mise en œuvre de cette option : il considère qu'un tel dispositif conduirait à une Union européenne bâtie sur l'inflation alors qu'il aspire à une union de stabilité monétaire.

Jean Monnet pensait que l'Europe se construirait au fil des crises. La perspective d'une Europe dans laquelle les politiques budgétaires seraient coordonnées, qui s'appuierait sur un Pacte de stabilité et de croissance, et qui disposerait de capacités d'intervention massives grâce aux fonds du MES, est séduisante. Encore faudrait-il que les États jouent le jeu ! N'oublions pas que le non-respect des critères de Maastricht a surtout été le fait de grands pays comme l'Allemagne et la France, qui n'ont pas hésité à violer la règle commune dès que l'occasion s'est présentée...

En attendant, l'Europe avance cahin-caha. Les plans de sauvetage adoptés les uns après les autres, le plus souvent dans l'urgence, ne parviennent pas à convaincre les prêteurs internationaux de la capacité des pays de la zone euro à restaurer l'équilibre de leurs finances publiques tout en renouant avec la croissance. Les sommets « de la dernière chance » se multiplient et accouchent de solutions limitées. À l'aube du troisième millénaire, l'Europe s'enfonce dans le doute et renoue avec ses démons : la tentation protectionniste, le repli nationaliste, la défiance à l'égard de l'étranger. Les slogans absurdes fleurissent : ceux qui appellent à dire « oui » à la croissance et « non » à l'austérité croient-ils réellement que les dirigeants européens aient le choix ?

La réalité est moins douce que les rêves. La zone euro est entrée dans une ère de croissance « molle » : même si la BCE continuait à mener une politique monétaire accommodante, le taux de croissance annuel moyen pourrait ne pas excéder 2 % lors de la décennie ouverte par la crise de 2007. Et contrairement à ce qui s'est produit par le passé, la croissance européenne ne devrait pas être soutenue par la solidité de l'économie américaine ou le dynamisme des pays émergents. La reprise de l'activité n'est guère assurée aux États-Unis. Quant aux pays émergents, ils connaissent à leur tour un ralentissement de leur rythme de croissance en raison notamment de la faiblesse de la demande émise par les pays développés. La Chine elle-même subira les effets du ralentissement économique mondial. Le PIB chinois n'a progressé que de 7,6 % lors du deuxième trimestre 2012, contre 8,1 % pour les trois premiers mois de l'année. Or la Chine a besoin d'un taux de croissance de 8 à 9 % pour absorber la population qui se présente sur le marché du travail.

Les propos tenus en 2007 par Nicolas Sarkozy sur l'existence d'un prétendu « découplage » entre les États-Unis et l'Europe n'avaient aucun sens : dans une économie mondialisée, aucun pays n'est protégé.

Nul ne peut plus espérer que le financement de la croissance économique puisse être obtenu de façon indolore, en laissant gonfler une bulle spéculative ou en s'endettant massivement auprès de l'étranger. Alors que les États doivent solder les erreurs du passé et procéder à l'assainissement de leurs finances publiques, ils ne peuvent plus compter sur les investisseurs étrangers qui y regarderont désormais à deux fois avant de leur consentir des prêts. Comme je l'ai indiqué le 20 septembre 2012 lors de la remise du prix de l'Audace créatrice à l'Élysée, en présence de François Hollande, de membres du gouvernement et d'entrepreneurs, « l'économie est en souffrance et la sortie de la crise de la zone euro sera laborieuse et beaucoup plus longue que ce que l'on se plaît à croire ». Surtout pour les États laxistes qui n'ont pas su ou voulu résister aux groupes de pression, à tous ceux qui sont titulaires de rentes et qui ont réussi à ce que leurs privilèges soient maintenus au détriment de l'adaptation de leur pays à une concurrence internationale devenue plus intense. Dans ce domaine, la France n'a de leçons à donner à personne.

Pour ceux qui regrettent les Trente Glorieuses de l'après-guerre[1] ou le paradis artificiel perdu des trente dernières années, la période dans laquelle nous entrons pourrait être celle des Dix Pleureuses. Ne faudrait-il pas plutôt considérer ces années comme les Dix Rédemptrices durant lesquelles nous serons obligés de réparer nos erreurs passées ? Les États devront veiller à répartir équitablement la charge de cet assainissement sur leurs citoyens : les plus fragiles d'entre eux ne devront pas être accablés, d'autant que le chômage pourrait se maintenir à des niveaux élevés dans les pays de l'union monétaire. La zone euro devra également procéder à un ré-équilibrage entre ses membres en renforçant la compétitivité des économies du Sud.

---

1. Forgée par Jean Fourastié en 1979, l'expression « Trente Glorieuses » désigne la période de forte croissance économique qu'ont connue les pays développés entre 1946 et 1973. Voir Jean Fourastié, *Les Trente Glorieuses*, Fayard/Pluriel, 2011.

Il n'est pas question de noircir le tableau, mais de garder les yeux grands ouverts sur les difficultés qui nous attendent comme sur les opportunités qui se présentent. Le continent européen est doté d'atouts extraordinaires. Riche d'un marché unique de 500 millions de consommateurs à haut revenu, il dispose d'entreprises, d'infrastructures et de services publics que le monde nous envie. Nous avons les moyens de faire de l'« économie de la connaissance » le nouveau moteur de notre croissance. Mais l'ouverture des économies et l'intensification des échanges internationaux ont élevé le niveau de la compétition. À nous de relever les défis d'un monde en mouvement.

Il nous faut par ailleurs accorder une attention particulière aux « oubliés de la mondialisation » – à tous ceux dont le niveau de vie ou les perspectives professionnelles pâtissent de ce mouvement irréversible parce que leur formation ne correspond plus à la demande exprimée sur le marché du travail. Ils nous rappellent qu'il est grand temps d'introduire davantage de solidarité dans notre système économique.

Balayons au préalable les diatribes contre l'économie de marché : elle ne va pas si mal, n'en déplaise à tous ceux qui aiment tant la diaboliser. Le débat sur la crise actuelle ne pouvait que tourner à sa mise en accusation. Or il suffit de regarder en direction des pays émergents pour constater que la crise a renforcé l'adhésion à l'économie de marché. Ce qui est une bonne chose, car cette clé du capitalisme est ce que nous avons trouvé de mieux pour sortir l'humanité de la misère. Grâce à la libéralisation des échanges, des centaines de millions d'êtres humains ont échappé à la pauvreté la plus accablante. Et nous ne disposons d'aucun modèle alternatif crédible pour créer de la richesse. Loin de se tourner vers la social-démocratie après la chute des régimes communistes, les pays de l'Est ont opté pour un capitalisme ultra-libéral, décomplexé, voire déchaîné.

L'économie de marché doit bien sûr être régulée. Mais ne soyons pas naïfs : ni les déclarations d'intention ni les réglementations ne préviendront l'émergence et l'éclatement de nouvelles bulles spéculatives. Les responsables politiques peuvent tout promettre, mais je suis convaincu qu'ils partagent, au fond d'eux-mêmes, le pragmatisme d'Alan Greenspan : « À moins de changer la nature humaine, a-t-il déclaré lors d'un entretien diffusé en septembre

2009 par la BBC, il y aura d'autres crises et aucune ne ressemblera à celle-ci, parce que deux crises n'ont jamais rien en commun, excepté la nature humaine », avant d'ajouter que « l'être humain a une capacité inextinguible, lorsqu'il est face à de longues périodes de prospérité, à présumer qu'elles dureront toujours ». Sachant cela, les dirigeants devraient préparer leurs électeurs aux coups du destin et assumer leurs responsabilités quand les choses tournent mal. Mais je rêve… quoique. On pourrait se prendre à croire qu'une nouvelle ère s'ouvre en constatant que les responsables politiques européens commencent à dire la vérité au sujet de la situation financière de leur pays et des réformes drastiques qui devront être mises en œuvre. Ils avaient jusqu'à présent plutôt brillé par leurs fanfaronnades. Que de postures, que de contorsions, que de perles ! Le capitalisme a été « dénaturé », gémissaient-ils. « Les solutions ne sont pas l'affaire des experts », assenaient-ils. Ah bon ? Les mêmes ne se félicitent-ils pas que l'Italie se soit dotée d'un gouvernement de professeurs ? Et ceux qui prétendent sauver le capitalisme en le moralisant n'ont-ils pas le sentiment de s'abuser ? « Croire que la crise moralisera l'économie et le capitalisme par elle-même est de l'aveugle-ment pur et simple », leur a répondu André Comte-Sponville. « Cela ne veut pas dire que la morale n'a pas sa place dans l'économie. Elle y a toute sa place, au contraire, mais c'est celle de l'individu à proportion des pouvoirs qui sont les siens. Car la morale incombe aux individus. Pas aux systèmes. »

Le développement actuel de l'économie de marché s'accompagne malheureusement d'un creusement des inégalités de revenus. Elles n'ont jamais été aussi importantes : alors que l'écrasante majorité des individus voient leurs revenus stagner, les « heureux du monde » sont de plus en plus riches. C'est la raison pour laquelle je suis partisan d'un capitalisme plus solidaire. Ces deux mots, je le sais, jurent un peu aux yeux de la plupart de mes contempo-rains. L'association du capitalisme et de la soli-darité semble paradoxale. Surtout en France, que la Bible de la générosité dans le monde, le *World Giving Index*, classe au 80e rang sur 153 pays[1]. Pourtant, j'y tiens. Parce que j'y crois.

---

1. Créé par la Charities Aid Foundation, le *World Giving Index* (Indice mondial de la générosité) évalue la manière dont les individus donnent de l'argent ou consacrent du temps à des organisations caritatives ou à des personnes ayant besoin d'aide.

La crise actuelle illustre de façon éclatante les dérives auxquelles a conduit l'exaltation de l'argent, devenu le symbole universel de la réussite. Le bonheur d'un individu paraît devoir se mesurer à l'aune des biens qu'il possède. Certains entrepreneurs ont compris qu'ils ne pouvaient pas laisser croire plus longtemps que la seule loi du capitalisme était le profit et que son catéchisme se résumait au classement des plus grandes fortunes de la planète publié chaque année par le magazine américain *Forbes*. La fierté ne doit pas venir du fait d'être riche mais de l'usage que l'on fait de l'argent qu'on a gagné. Les patrons emblématiques que sont Bill Gates et Warren Buffett ne veulent pas être de simples *cash machines*. Ils ont donné un nouveau sens à leur vie en consacrant la plus grande partie de leurs richesses à la lutte contre les fléaux du monde contemporain : la maladie, la faim, l'injustice. Inspirons-nous de ces entrepreneurs américains qui se définissent ironiquement comme des « libéraux-communistes ». Ils ne sont ni de gauche ni de droite. Comme eux, je déteste cette distinction. Il m'est insupportable de penser qu'être de gauche, ce serait être attentif aux autres et privilégier la solidarité, et qu'être de droite signifierait être individualiste et défendre la logique du marché. Je refuse de considérer que les valeurs de compétitivité ne sont pas conciliables avec les valeurs de solidarité. L'empathie n'est ni de droite ni de gauche !

C'est pourquoi je milite pour un capitalisme de solidarité. L'entrepreneur a le devoir de créer des richesses et d'assurer un bien-être social à ses employés, mais il doit aussi mettre ses talents au service de la Cité. L'engagement est la contrepartie naturelle et indissociable de la réussite professionnelle. Un entrepreneur digne de ce nom est à mes yeux un individu qui donne un sens à ses succès dans le monde des affaires en finançant à titre personnel des actions de mécénat. C'est ce que j'essaie de faire, notamment à travers la Fondation Culture & Diversité[1].

Mon combat pour un libéralisme altruiste s'enracine dans la conviction que les outils économiques peuvent être mis au service d'objectifs sociaux. L'avenir est entre nos mains : en militant pour réconcilier l'esprit

---

1. Créée en 2006, la Fondation Culture & Diversité a pour mission de favoriser l'accès des jeunes issus de l'éducation prioritaire aux arts et à la culture.

d'entreprise et la générosité, nous favoriserons l'émergence de leaders capables d'allier l'énergie du capitalisme aux exigences de la responsabilité sociale. Ces hommes et ces femmes créeront le monde plus solidaire que j'appelle de mes vœux.

Table

Cet ouvrage a été imprimé

pour le compte des Éditions Grasset
en octobre 2012